"Este es un libro profundamente auténtico que revela la fuerza dentro de la vulnerabilidad colectiva de sus colaboradores. Qué honor poder ser parte de este trabajo tan oportuno, un trabajo de amor sin precedente alguno. Cada una de nuestras historias es única y sin embargo están sumamente conectadas por fuertes fibras temáticas que incluyen la búsqueda de ser todo lo que realmente somos en un escenario que nos pide que renunciemos a nuestro ser auténtico como si fuera una cuota de ingreso a la lucha por el éxito. Aunque cada uno de los autores ha logrado niveles impresionantes de éxito, estas son historias del costo, el perjuicio y el eventual triunfo de nuestras propias almas. Esta es una declaración colectiva de un compromiso para tener éxito en nuestros propios términos y recuperar la belleza y el poder de nuestro ser más profundo y de los ancestros que sembraron su amor y fuerza en nosotros con su sangre, sudor y lágrimas. Los honramos en este libro. Nos honramos a nosotros mismos en este libro".

Linda Lausell Bryant, MSW, Ph.D
Madrina de Latinx en el Área de Trabajo Social

"Ser dueño de su propia narrativa es la verdadera encarnación de la libertad. Este libro destaca historias maravillosas que demuestran la diversidad de nuestra diáspora latina. Gracias por este importante trabajo".

Lisette Nieves
Presidenta del Fondo para la Ciudad de Nueva York (Fund for the City of New York)

"Este libro ofrece una perspectiva muy necesaria de los esfuerzos incansables de los trabajadores sociales latinos para promover la equidad y la justicia. Estas son historias personales de quienes trabajan en primera fila y en quienes abunda la emoción, la filosofía, el conflicto, la esperanza y la determinación mientras se esfuerzan diariamente por marcar una diferencia en la calidad de vida de sus comunidades. Este libro sirve de inspiración para las futuras generaciones de trabajadores sociales latinos y el impacto colectivo que buscan tener".

Ana L. Oliveira
Presidenta y directora ejecutiva de la Fundación de Mujeres de Nueva York (The New York Women's Foundation)

Latinx en el

ÁREA DE TRABAJO SOCIAL

Historias que inspiran y conectan comunidades

ERICA PRISCILLA SANDOVAL, LCSW- SIFI

LATINX EN EL ÁREA DE TRABAJO SOCIAL

El presente libro es una compilación de historias de numerosas personas que contribuyeron con un capítulo y está diseñado para inspirar a sus lectores.

De ningún modo está destinado a proporcionar asesoramiento psicológico, jurídico, contable o de cualquier otro tipo profesional por parte de los editores ni de los autores particulares. El contenido y los puntos de vista que se exponen en cada capítulo corresponden únicamente a la expresión y opinión de sus autores y autoras, y no necesariamente a Fig Factor Media, LLC.

Para más información, visite:
Latinx in Social Work, Inc. | www.latinxinsocialwork.com

Diseño de tapa y maquetación: Juan Manuel Serna Rosales
Fig Factor Media, LLC | www.figfactormedia.com

Impreso en los Estados Unidos de Norteamérica

FIG FACTOR MEDIA

ISBN: 978-1-957058-23-8
Library of Congress Control Number: 2022903897

*En recuerdo de mis abuelitos Laura
(1926 - 2015) y Luis (1923 - 1974)*

*A los presentes y futuros trabajadores
sociales, tú eres esencial, muestra tu
grandeza. Este libro es para ti.*

ÍNDICE

AGRADECIMIENTOS

Este libro fue guiado por Dios, mientras oraba todos los días para ayudarme a encontrar mi propósito, y finalmente lo hice. A mis ancestros, por mi alimentación espiritual y su poder mágico, gracias por crear un camino y romper barreras para que pudiera dirigirme hacia mi grandeza.

A los autores que colaboraron en *Latinx in Social Work*, sin ustedes, este libro no hubiera sido posible. Jaqueline Camacho-Ruiz, eres la luz que brilla y me guía. Gracias por compartir este espacio, creer en mí, en este proyecto y en todos nosotros. Gabriela Hernández Franch, la Conserje de los Autores, eres la columna vertebral de este proyecto y me encantó colaborar contigo y mil gracias a Izar Olivares por todo tu apoyo.

Mis queridos padres, ambos me vuelven loca; No podría imaginar mi vida de otra manera y no cambiaría nada. Su apasionado amor me creó, y este libro es el resultado de su AMOR.

Isabella, mi persona favorita en el mundo. Creé esto para ayudarte a caminar por este hermoso mundo cruel, TÚ eres mi mayor inspiración. Me haces una mejor persona.

Nick, el amor de mi vida, por tu apoyo emocional y por asegurarte que recuerde cuidarme, te estoy eternamente agradecida.

Mis hermanas, Jenn y Jackie, y mi prima, Nathalie, gracias por animarme y honrar mi visión.

Hay innumerables personas que apoyaron y financiaron este proyecto. Ana Oliveira, la Fundación de Mujeres de Nueva

York, la Dra. Lisette Nieves y el Fondo para la Ciudad de Nueva York, gracias. Esto no sería posible sin su generosidad e inversión financiera.

Para mi Madrina, la Dra. Linda Lausell Bryant (Madrina del Trabajo Social), estoy asombrada por tu sabiduría, generosidad y amor. Continúas enseñándome y guiándome, y me siento honrada de que me hayas pasado el relevo, porque como dices, "la carrera debe continuar". Gracias por enseñarme y apoyarme a mí y a este libro.

Kerry Watterson, mi mentor de AFP NYC. Eres un increíble ser humano y recaudador de fondos. Me ayudaste a crear este proyecto y darle vida. Estoy orgullosa de ser tu aprendiz y ahora amiga de toda la vida.

Mi más sincero agradecimiento a todos los increíbles mentores, maestros, supervisores y todos los que me apoyaron en mi carrera de trabajo social, especialmente a Mavis Seehaus, LCSW, Pam Mastrota, Paul Deasy, LCSW-R, Richeleen, A. Dashield, MBA, Linda Joannidis, LCSW-R, Joanne Ponifielo, Charmaine Peart-HoSang, LMSW, Maria Girone, MSW, Dra. Edith Chapparo, PHD, LCSW-R, Ben Sher, LMSW y NYU Silver School of Social Work.

Este libro no hubiera sido posible sin la colaboración y patrocinio de López Co. & Media, y su fundadora y directora ejecutiva, Luisa Lopez, quien me asombra tu genialidad. Apoyar a nuestra comunidad de trabajadores sociales como dos líderes Latinx durante la pandemia ha sido más que extraordinario. Pa'lante! Vanessa Alamo, mi mejor amiga de por vida. TÚ eres mi partidaria número uno y me has empujado a estar orgullosa, ser

9

fuerte y a reconocer mi grandeza.

Un gran agradecimiento a todos nuestros socios de marketing y al equipo de Fig Factor Media, Christine Borges, Lisa Welz, nuestros editores, Juan Pablo Ruiz (director creativo y del sitio web), Manuel Serna (diseñador), Anna Fischer (correctora de pruebas) y mi asistente virtual, Laura A. Alonzo. Ha sido un gran trabajo de equipo.

Gracias a los increíbles traductores, Jorge Martinez, Lorena Sanchez, Darena Villalobos, Laura A. Alonzo, Daniel Cueva, Jennifer Sandoval, David Silva y chivita espacial. La generosidad de su tiempo no tiene precio.

A mi Madrina, Dra. Linda Lausell Bryant, gracias por el amor y el apoyo financiero.

A todos nuestros autores, esto es un regalo para nuestros padres, ya es una realidad que vivirá como parte de su legado y ahora del nuestro. Como niños que migraron, primera generación de graduados y ahora autores publicados. Nosotros podemos, lo hicimos y honramos nuestra herencia, cultura e idioma.

INTRODUCCIÓN

Latinx en el Área de Trabajo Social es un libro que trata sobre espacios: el espacio que ocupamos, los espacios que creamos y cultivamos, y los espacios que aún no existen pero que son cruciales para el crecimiento y desarrollo de los trabajadores sociales Latinx y profesionales de la salud mental; ejecutivos y profesionales de todas las industrias de este país y más allá. Este libro es un paso revolucionario en la creación de un movimiento que se compromete a ser dueño de sus propias narrativas, enlistando luchas y desafíos comunes que no habían sido expresados, e impulsar nuestra propia sanación del pasado, destacando nuestros éxitos y creando un espacio para la esperanza en el futuro.

Los impedimentos para el éxito de la comunidad Latinx, tanto personales como profesionales, son innumerables; conocemos la acostumbrada letanía de barreras que enfrenta nuestra gente. Estas barreras incluyen costos (monetarios y costos de oportunidades), insuficiente preparación académica o acceso limitado a información sobre la educación superior y la discriminación generalizada que las personas de color continúan padeciendo. El pago es a menudo con nuestra dignidad y, a veces, con nuestro valor humano, ya que constantemente somos desafiados por sistemas opresivos que hieren nuestras almas pero engrosan nuestra piel.

Adentrarse en nuestra grandeza con toda la riqueza de

nuestras culturas y herencia en espacios no diseñados o destinados a nosotros es una decisión verdaderamente valiente. Es una decisión que a menudo se toma con un gran riesgo personal y profesional, y que puede causar malestar sobre nuestra seguridad y nuestro futuro.

Abogar por usted mismo o por sus clientes, solicitar ese aumento de sueldo, posicionarse como candidato para un ascenso, embarcarse en un nuevo negocio, formar una familia; todo esto puede parecer desafíos desgarradores con resultados desconocidos. A menudo, creemos que no estamos preparados para emprenderlos; dudar de nuestras capacidades y sentir ansiedad por traspasar nuestros límites nos impiden dar el primer paso. Coloreamos dentro de las líneas marcadas por otros y, a veces, nunca pasamos la página. Sentimos cada trauma profesional compuesto por el de nuestros antepasados, y más allá.

Les escribo hoy desde un lugar de comprensión inconmensurable, porque he sentido todas estas cosas y las estoy superando continuamente. No es fácil y todavía me duele, pero ahora estoy más preparada y sé que no estoy sola. Comparto este espacio y comunidad con todos ustedes mientras surcamos por nuestras carreras profesionales, salud mental y bienestar.

Nuestro bienestar ha estado en riesgo y seguirá estando si no somos conscientes del daño causado por los sistemas, por nuestra propia voz interiorizada, que muchas veces refleja lo que nos han dicho, o peor aún, por no vivir de acuerdo con nuestra grandeza. El autocuidado riguroso significa aprender a defenderse a sí mismo, creer que eres más que SUFICIENTE y celebrar tus logros. No solemos hacer esto por nosotros mismos y nos esforzamos cada vez más porque pensamos que no estamos haciendo lo suficiente. Pero como ha sido el caso durante generaciones, estamos haciendo más con menos, con poco reconocimiento de nuestros logros y contribuciones.

Pienso en nuestros antepasados que no tuvieron tiempo para descansar, para sanar, ni tener el beneficio de comprender el daño que sufrieron. Por ellos, debemos descansar, sanar, reflexionar y honrar su labor al comprender la experiencia y la transformación intergeneracional. Nosotros somos ellos y ellos somos nosotros. No seremos silenciados y traeremos luz y dignidad con amor para celebrar nuestras victorias y nuestra grandeza. Esto es lo que hacen nuestros autores: ser dueños de su magnificencia.

Mi mayor deseo es que al implementar algunas o todas las habilidades y estrategias demostradas por las personas fenomenales incluidas en este libro, descubras que tu vida, tanto personal como profesional cambiará de una manera fundamentalmente positiva. El objetivo de mi trabajo y mi vida es brindarte las herramientas para comprender y manifestar TU poder en TODOS los territorios, y así este movimiento podrá continuar para nosotros y nuestras comunidades. Este movimiento fomentará conversaciones más profundas y auténticas, relaciones curativas y beneficiosas con nosotros mismos, entre nosotros y con la sociedad en su conjunto.

A mi me enseñaron a no rendirme nunca. "Mantén la cabeza en alto", "si se puede", "pa'lante", así que seguí adelante, sin dar un paso atrás a pesar de sentirme agotada y fatigada. En mi vida existían muchos y diferentes factores estresantes, como la crisis económica, la pandemia, la muerte del Sr. George Floyd que condujo a un año de protestas, disturbios y un país dividido, pero me levanté casi de inmediato y comencé a imaginar un lugar donde todas nuestras voces se escucharían, donde podríamos elevarnos los unos a los otros.

Estos han sido tiempos desafiantes para nuestras comunidades, para nuestro país, y para nosotros. Para sanar las heridas expuestas por la pandemia, me hice más visible a través de mi liderazgo de servicio, como una líder voluntaria de Prospanica NY, Latino Social Work Coalition y National Association of Social Workers NYC. Colaborar con personas de ideas afines y apoyar a nuestras comunidades ha sido un alivio para los sentimientos de incomodidad y dolor que la pandemia ha puesto en primer plano, aunque no fue suficiente.

Recuerdo que como mentora de Prospanica NY, recibí un regalo de agradecimiento de la Dra. Damary Bonilla-Rodríguez (le llamo *doctora*); el regalo que me dio fue el libro *Today's Inspired Latina*, una serie de antología de inspiradoras historias Latinas. Leí cada historia y estas tocaron mi alma. Imaginé la creación de ese espacio para los trabajadores sociales, y así fue como me embarqué en el viaje de la creación de este libro.

Al reunirme con cada autor, me di cuenta de las cosas en común y la belleza de nuestras diferencias. Cada uno de estos autores tiene una historia única y profunda y cada uno está listo para exhibir y nombrar los daños de las prácticas opresivas. En estas páginas, verán cómo se siente en las trincheras, donde estos guerreros a menudo invisibles crean un impacto real, tangible y positivo en sus comunidades.

Estos increíbles trabajadores sociales han entregado su corazón y están satisfechos con sus historias. Verás cuán único es cada uno de estos líderes y cómo nuestras voces se escuchan cada vez más alto y se han vuelto más fuertes. Lo que todos compartimos es el deseo de que nuestros relatos te den esperanza y te inspiren a crear, cultivar y engrandecer espacios para ti y para muchos otros. Unidos, nos levantamos.

Esto no está relacionado con mi puesto en NASW-NYC; No estoy actuando en mi capacidad de oficial de NASW-NYC.

Erica Priscilla Sandoval, LCSW-SIFI
Spanish Translation by Laura A. Alonzo

PREFACIO

Los trabajadores sociales están en todas partes. Están en organizaciones comunitarias, en agencias gubernamentales, en hospitales, en el sector privado y en las escuelas (aunque no lo suficiente). Los trabajadores sociales son profesionales cuyas habilidades y formación únicas son beneficiosas para cualquier entorno de trabajo. Pero a pesar de lo omnipresentes que son los trabajadores sociales en general, los trabajadores sociales Latinx son mucho menos numerosos.

Aunque el campo laboral está comenzando a cambiar, históricamente los estudios de la carrera de trabajo social así como obtener una licencia son costosos, es también un ambiente hostil para los profesionales de color y las necesidades de que las comunidades sean atendidas por trabajadores sociales con experiencias de vida similares no son consideradas. Gracias a la Coalición de Trabajo Social Latino (Latino Social Work Coalition) y al Fondo de Becas, Inc. (Scholarship Fund, Inc.), la cantidad de trabajadores sociales Latinx ha ido creciendo en los últimos años. Sin embargo, sus cifras están por detrás de la tasa de la población Latinx en los Estados Unidos, que creció un 23% entre 2010 y 2020, por lo que las personas Latinx ahora constituyen el 19% del país.

Dado que los trabajadores sociales latinos representan solo el 11.3% de todos los trabajadores sociales en todo el país, la profesión sigue siendo insuficiente para satisfacer las necesidades de una población que habla cada vez más español, que vive en hogares con estatus migratorio mixto y que navega por sistemas políticos, económicos y sociales que marginan aún más a estas comunidades. Un trabajador social que habla el idioma de la comunidad local, comprende sus referencias culturales y está personalmente familiarizado con los desafíos sistémicos que enfrenta la comunidad. Puede marcar la diferencia entre un cliente receptivo y dispuesto a ayudar y un cliente que se siente ignorado por la persona o profesional que está aparentemente allí para apoyarlos. A pesar de esto, el sistema tal como existe hoy, trata a los trabajadores sociales y clientes Latinx como una postergación.

El objetivo de este libro es garantizar que esas experiencias no queden sin examinar y sin exponerse. Arraigada en su identidad como Latina, inmigrante, trabajadora social de primera generación y presidenta de la sección de la Ciudad de Nueva York de la Asociación Nacional de Trabajadores Sociales (New York City chapter of the National Association of Social Workers), Erica Sandoval ha creado un espacio para que los trabajadores sociales latinos compartan sus historias, sus luchas y sus éxitos. En las siguientes páginas, ella amplía las narrativas sobre los éxitos y desafíos que enfrentan los trabajadores sociales, los líderes ejecutivos y los agentes de cambio Latinx, contados en sus propias palabras. Cada capítulo hará que otros trabajadores sociales y agentes de cambio se sientan representados en una profesión que puede hacer más para elevar y apreciar estas experiencias.

Incluido en los planes de estudio de trabajo social, este libro destaca a los líderes que comprenden de primera mano el valor de la humildad cultural y la competencia. Ilumina el impacto severo que la escasez de trabajadores sociales Latinx tiene en nuestras comunidades e inculcará a los estudiantes, y a sus escuelas de trabajo social, la urgente necesidad de profesionales bien capacitados para apoyar a una población vulnerable y en constante crecimiento que valora su ayuda.

Como testimonio del compromiso de Erica Sandoval con el futuro exitoso de los trabajadores sociales Latinx, parte de las ganancias del libro se donará a la Coalición y Beca de Trabajo Social Latino (Latino Social Work Coalition) y el Fondo de Becas, Inc. (Scholarship Fund, Inc.), una organización que ha demostrado ser vital para apoyar a nuevas generaciones de trabajadores sociales culturalmente competentes y comprometidos con sus comunidades.

Las comunidades latinas continúan enfrentándose a tasas asombrosas de casos de COVID, hospitalizaciones y muertes, así como a la pérdida de empleo y al aumento de la pobreza. Estos desafíos cristalizan la necesidad de que las comunidades de color sean atendidas por trabajadores sociales que comparten sus lazos culturales, lingüísticos y comunitarios.

Esperamos que este libro cambie eso. Enaltecerá a los trabajadores sociales Latinx en la profesión. Las escuelas de trabajo social deberían incorporar este libro al plan de estudios ya que puede proporcionar un espejo a los estudiantes Latinx que se verán a sí mismos y la diversidad de sus experiencias reflejadas en la profesión. Elevará a los trabajadores sociales Latinx a un nivel de beca normalmente reservado para los trabajadores sociales afroamericanos y blancos.

En estas páginas hay historias de personas que encuentran su pasión, que ven el valor de la humildad cultural y la competencia lingüística de primera mano y experimentan el impacto de la escasez de trabajadores sociales Latinx.

Gale A. Brewer
Presidente del condado de Manhattan

MADRINA

En este libro nombramos e identificamos a las líderes del trabajo social como una "madrina" conocida como "God mothers", una mujer que actúa como mentora, patrocinadora, patrona o soporte para nuestro crecimiento, carrera y nuestra profesión. Ellas marcan el camino, abren y crean espacios, pasan el testigo y nos ayudan a crecer y elevarnos.

"Me siento honrada de ser considerada una 'Madrina' de este proyecto y de Erica Sandoval, la increíble mujer que lo ha creado. Ser una madrina significa que, mientras sigo esforzándome, creciendo y desarrollándome, también estoy sembrando lo que he aprendido de mi viaje hasta ahora en las próximas generaciones, porque nuestra lucha por el progreso como pueblo continuará más allá de mi vida. Hay que pasar el testigo y la carrera debe continuar. Ser una madrina significa que tengo la responsabilidad de alimentar y apoyar su desarrollo, de compartir lo que he aprendido y de desempeñar los papeles para los que mi viaje me ha equipado, al servicio de nuestro progreso colectivo."

Dr. Linda Lausell Bryant
Profesora Clínica Asociada
NYU Silver School of Social Work

Capítulos de Autores

MIL HERIDAS PEQUEÑAS

ERICA PRISCILLA SANDOVAL, LCSW-SIFI

¡BENDITO [HOLY] GUACAMOLE!

"¡Impresionante, hablas el inglés tan bien! Ni siquiera tienes un acento, ¿cuándo llegaste de México?" me preguntó un cliente blanco. Recuerdo el inquietante enrojecimiento en mi cara y el dolor de estómago mientras me compuse y recolectaba mis pensamientos para formular mi respuesta. No respondí con ira, simplemente dije que era del Ecuador, y vine a este país cuando tenía 4 años- todo esto con una sonrisa en mi cara. Ni siquiera me había dado cuenta cuanto me hirió todo este intercambio con el cliente. Estaba trabajando como mesera en el restaurante Rosa Mexicano, localizado en Lincoln Center en Nueva York y estaba asistiendo la universidad a tiempo completo, todo esto mientras criaba a mi hija como madre soltera.

Claro, también era consciente que mi reacción impactaría

mi propina, y que mis ganancias pagarían mis cuentas y le daban de comer a mi hija. Es desalentador darse cuenta de que nuestro sustento puede ser impactado por una reacción, una respuesta, una decisión y muchas veces opte por permanecer callada- en silencio en lugares de empleo por miedo a perder el ingreso económico. El pensar así, eventualmente me alcanzó.

En una conversación que tuve este año con una de mis brillantes colegas, Amelia Ortega, estábamos desempacando el dolor que se siente al entrar a lugares y espacios sociales que uno confía para después ser herido en ellos. Esto predominantemente ocurre en salones escolares, grupos profesionales, y lugares de empleo, donde tendemos pasar la mayor parte de nuestro tiempo. Sufrimos traición institucional, nos sentimos socavadas, erradicadas, no validadas, invisibles, silenciadas y constantemente detonadas emocionalmente por estas experiencias de marginalización y opresión.

DEUDA EMOCIONAL

En 2020, empecé a sentir más intensamente y a procesar de manera más profunda luego de ser despedida por primera vez en mi vida. Ocupaba un cargo de alto nivel en una organización sin fines de lucro, apenas iba ahí un año cuando el mundo se volteó al revés. No fue una sorpresa, ya que personas de color desproporcionadamente enfrentan perdida de empleo, bajos salarios, y prejuicios en contratación. También enfrentamos una pandemia mundial, y las tasas de inseguridad laboral estaban en lo más alto.

Empecé a explorar patrones y me di cuenta de que el dolor que siento venía de no sentirme escuchada o vista. El dolor no era debido a ser despedida, era debido al daño causado hacia mí mientras estuve empleada. Me sentí socavada y extremadamente herida por dos colegas que me dejaban fuera de reuniones, correos electrónicos, y me excluían de decisiones importantes relacionadas a mi equipo de trabajo y mi departamento. Una de mis colegas se reportaba directamente a mí y la otra colega ocupaba el cargo de directora.

El común denominador de ambas es que eran Blancas y sus voces por ende llevaban más peso que la mía. Esto hirió mi bienestar. Empecé a perder el sueño, a comer más, a sentirme deprimida. Trabajaba más duro pero nunca sentía que eso importaba. Me sentí traicionada. Me sentí descontada y no valorada por mis contribuciones, habilidades o experiencia como trabajadora social.

Como una persona de color, este comportamiento toxico causo mucho daño. Empecé a cuestionarme, ¿Soy lo suficientemente buena?, ¿me merezco estar aquí?, ¿soy suficientemente inteligente? Me causó mucho dolor. Obsesivamente empecé a pagar todas mis deudas, casi no gastaba dinero y de nuevo empecé a estudiar para mi examen de licenciatura clínica, todo esto mientras esperaba que mi último día de empleo llegue. Mi familia siempre ha acarreado mucha angustia financiera y esta situación desencadenó lo que había empezado hace mucho tiempo atrás.

MIS ABUELOS

Mi abuelita Laura se casó a la edad de 15 años, y hubiese preferido jugar basquetbol que ser la esposa de alguien. Se casó con un hombre increíble, mi abuelito Luis y juntos tuvieron seis hijos. Ella venía de una familia de personas emprendedoras; tenían granjas, fincas, ganado, tierra y todo esto se desarrolló en negocios. Era una mujer trabajadora, y juntos mis abuelos eran muy respetados y admirados por la riqueza y patrimonio que construyeron. Mi abuelito ayudaba a muchas familias por medio de ser co-signatario en sus deudas y ayudando a personas a estabilizarse financieramente. Esto empezó a impactar a la familia, ya que muchas personas no pagaban sus deudas. Su generosidad era vista como admirable, pero también fue causa de su ruina. Las personas no siempre mantienen su palabra y esto causó mucho daño y poco a poco perdieron su patrimonio. Esta angustia financiera llegó a impactar a las generaciones siguientes.

Muchas circunstancias no previstas conllevaron a la migración de mi abuelita a los Estados Unidos. Mi abuelito falleció en un accidente automovilístico que fue muy traumático cuando yo tenía apenas 1 año. Yo iba en el carro con ellos y otro miembro de la familia, Maria. Él logró salvar mi vida y mi abuelita me ayudó a salir del carro y pudo sacarme a un lugar seguro. Fue el peor día en la vida de mi familia.

Mi abuelita se convirtió en viuda a temprana edad, tenía 6 hijos y una nieta a su cargo. Sufría de TEPT- Trastorno De Estrés Postraumático [PTSD] y estaba afligida tras una pérdida increíble mientras procesaba el efecto traumático por sí sola.

Creo que el proceso decisorio de mi abuelita se vio nublado debido a los múltiples traumas que estaba viviendo y que no tenían reparación. Fácilmente se vio abrumada y fue así como se convirtió en objetivo fácil. Personas le robaron, y abusaron financieramente de ella. Ella continuó perdiendo dinero debido a las malas decisiones que tomó y su negocio se vio impactado. Ella era una mujer emprendedora muy exitosa como dueña de su propio negocio de comida, pero no logró mantener su afluencia financiera. Su negocio y su patrimonio le fueron quitados, pero ella nunca perdió su valor y valentía para seguir adelante.

Yo era muy pequeña cuando esto sucedió en Quito, Ecuador. Yo no sabía que ella ya no era dueña de su negocio. Recuerdo claramente que un día yo caminaba entre las niñas de escuela del barrio, niñas mayores con uniformes perfectamente presentables. Yo tenía apenas 4 años cuando un día me levanté luego de estar sentada en la gradería del negocio de sastrería de mis abuelos paternos y les pedí a las niñas de escuela que me ayudaran a llegar al negocio de mi abuelita a su restaurante. Ella apenas había emigrado a Miami y yo no sabía dónde estaba pero sabía que tenía que encontrarla. Crucé calles, avenidas concurridas todo con la ayuda de cada una de las niñas escolares - niñas que me pasaban de mano en mano a otro grupo de niñas que iban en la dirección que yo me dirigía. Yo no estaba perdida, es más, yo les guiaba a ellas a donde yo necesitaba ir. Ellas me ayudaron a llegar a salvo yo esperanzada de verle a mi abuelita, pero en cambio me encontré rodeada de otros familiares. Ellos me reconocieron y llamaron a mi mamá. Todos habían estado histéricos, mi padre estaba en shock y pánico y hasta tuvo que sumergir su cabeza en un balde de agua fría para reponerse. Mi madre gritaba y lloraba, pero eventualmente me encontró, estuve perdida por media hora.

¡INTÉRPRETE POR FAVOR!

Mis padres luchaban en su matrimonio. Tenían apenas 20 años y navegaban con incertidumbre al ser padres jóvenes. Mi madre trabajaba largas horas en una agencia de viajes y trabajaba duro a diario para asegurarse que mi abuelita llegara a salvo a los Estados Unidos. Ella compró el pasaje de aerolínea de mi abuelita y tenía que pagar la deuda de comprarlo todo mientras también se aseguraba que ella y yo tengamos lo necesario para sobrevivir. Yo estaba confundida, triste y me sentía sola. Mis padres tenían peleas volátiles. Recuerdo que me enseñaban a ir al baño pero ninguno de ellos me levantaba del inodoro. Se mantienen peleando y más tarde en la vida le pregunté a mi mamá, ¿de qué tanto peleaban? - su respuesta no me sorprendió, dinero y confianza. Mi mamá y yo dejamos el Ecuador meses después de que mi abuelita se fuera, y el trauma continuó.

Este bello país tenía mucho que ofrecer. Recuerdo lo deliciosa que me parecía toda la comida y lo bella que era toda la vestimenta. Mi mamá se aseguró que yo siempre estuviera bien vestida y alimentada, jamás pasé hambre o necesidades. A pesar de que vivíamos en pobreza y hasta fuimos desplazados por unos meses, siempre me sentí cuidada y protegida. Por fin estaba otra vez con mi abuelita y eso era lo único que importaba.

El trauma intergeneracional siempre ha sido prominente

en mi familia. Ha sido heredado por nosotros, así como ciertas familias heredan riquezas y patrimonios de generación a generación. Nuestra pobreza fue debido al haber migrado a este país mal equipadas y traumatizadas. En los años que siguieron, enfrentamos adversidades, pero la valentía que mi mamá y abuelita demostraban era indudablemente más fuerte. Recuerdo el haber tenido que aprender inglés y servir de traductora para mi abuelita y mis padres. Después de que mis padres se reunieron en los Estados Unidos, viví con ambos, mi abuelita y mis dos tíos, Tío Jaime y Tío Rene quienes habían recientemente emigrado a los Estados Unidos. Ninguno de nosotros sabíamos inglés y esto era una lucha, pero nos manejábamos suficientemente. Me sentía avergonzada cuando las personas hacían comentarios negativos. Sus empleadores los explotaban y muchas veces tuve que traducir y defenderlos. Era agotador. Me "comportaba mal" en la escuela durante esos años, probablemente debido a todo el estrés de mi niñez. Necesitaba una trabajadora social; todos nos hubiéramos beneficiado de alguien que nos apoyara en nuestra historia migratoria y sus múltiples traumas, aunque dudo que había alguna en mi vecindario que hablase español, no teníamos acceso a esos servicios.

PURA VIDA

Mis padres tenían un sueño; el regresar a su país natal, Ecuador, así como muchos migrantes han sonado. Trabajaron duro, compraron tierra y construyeron sus casas. Siempre hubo este sentimiento inquietante en el aire, como si el viento cargará un secreto diciendo: "no pertenecemos a este lugar". Volvieron a su bello país y digo esto con una voz de amor y respeto, porque ese país no era el mío. Los Estados Unidos se convirtió en mi país y mi identidad, en el vecindario de Astoria Park, Queens. En los perros calientes, el "italian ice" después de la piscina, ¡era pura vida! Hubiese preferido morir del hambre que mudarme al Ecuador.

Así que mis padres se fueron con mis dos hermanas, y yo me quedé con mi abuelita. Tenía 19 años. Escasamente podía sustentarme, pagar el arriendo y viajar a diario a la escuela pero me manejaba como podía: trabajaba duro. Tenía a mi abuelita a menos de una cuadra de distancia, ella vivía cerca, yo tenía compañeras de cuartos y casi nada de ahorros. Fue la mejor y la peor época de mi vida. No pude enfocarme en la escuela así que abandoné el estudio. Luego me casé, me divorcié y volví eventualmente a enfocarme en el estudio. Tuve que llegar a ser una madre soltera de bajos recursos para llegar a este momento en mi vida. Fui la primera en mi familia que se graduó de la universidad. Atendí BMCC y Baruch College y me gradué con una licenciatura en Desarrollo Adolescente.

La economía en el Ecuador entró en crisis y mis padres junto a mis hermanas tuvieron que regresar a Estados Unidos y empezar de nuevo. Mi mamá aplicó a trabajar en un hospital. Una vez más me pidió que tradujera por ella y cuando hablé con Recursos Humanos, me dolió tener que decirle a mi mamá que no le dieron el trabajo por el inglés limitado que ella manejaba. La asociada de recursos humanos entonces me preguntó si me interesaría aplicar para un puesto en el departamento de trabajo social. Necesitaban un asociado que fuera bilingüe en el Hospital for Special Surgery [HSS]. Haciendo lo que más odiaba, el traducir, impulsó mi carrera en trabajo social. Después de trabajar ahí por 4 años, apliqué y fui aceptada al programa de NYU Silver School of Social Work. Pasé incontables horas en la biblioteca de NYU y en mi oficina de HSS. Casi no compartía tiempo con mi hija, Isabella.

En 2011, fui la primera en mi familia en graduarme con mi maestría en trabajo social. Fue el momento más orgulloso de mi vida entera. Nunca pensé que podría alcanzar este logro tan inmenso. Mis padres proveyeron con lo que podían, pero tuve que aprender a defenderme por mi misma mientras a la vez criaba a Isabella. Tenía tantas barreras, pero también tenía valentía, pasión y perseverancia. Me di cuenta de que tenía el valor de seguir adelante, el valor que heredé. Nunca me detuve, nunca miré atrás, me mantuve consistente, y me mantuve con mi mirada firme en el objetivo.

Mi carrera en trabajo social ha sido increíble. En cada puesto que he ocupado, he traído un lente de humildad cultural y he desafiado inequidad. He sido defensora de familias que no saben inglés y que han sido marginalizadas por prácticas opresivas. He tenido que retar a individuales en altos mandos de poder y llamar su atención para que comprendieran sus parcialidades- muchas veces inconscientes. He nombrado racismo sistémico en prácticas, políticas y procedimientos, para crear cambios y apoyar a la equidad y la inclusión. Cuando obtuve mi LCSW- licenciatura clínica de trabajo social, me convertí en una empresaria y dueña propietaria de mi propio negocio. Mi negocio se llenó en menos de 3 semanas porque existe una escasez de trabajadoras sociales Latinx, tan necesarias para servir a nuestra comunidad Latinx.

Soy una de tres trabajadoras sociales en mi familia. Mis dos hermanas menores, Jennifer y Jackie, son graduadas de Columbia University School of Social Work y NYU Silver School of Social Work, respectivamente. Entre las tres podemos mover montañas. Fuimos criadas para honrar y amar a nuestros padres. Las tres tenemos razones diferentes por las cuales escogimos esta profesión, pero creo que tenemos en común que queremos hacer orgullosos a nuestros padres. Nuestra mamá, Laura Piedad y nuestro papá, Rodrigo trabajaron duro y construyeron un legado. Nuestra querida abuelita falleció en 2015, rodeada de su familia. La mayor parte de nosotros somos graduados universitarios. Estamos aquí por el sudor y las horas de arduo esfuerzo y labor de nuestros padres y esperamos que nuestros logros y educación traigan patrimonio y riqueza generacional y que podamos reducir el trauma intergeneracional que ha aquejado a nuestra familia.

REFLEXIONES

Navegar tu profesión no es fácil cuando agregas múltiples estreses de vida. Cuando trabajas con tus clientes, comprendes que vienen con historias, legados mucho antes de que ellos nacieran. Su legado se extiende a generaciones atrás, véanlos, escúchenlos, y apóyenlos con un lente de humildad cultural. Si estás convirtiéndote en trabajadora social, enfócate en ti mismo, cuídate a ti mismo para que puedas cuidar a muchos. Mantente consistente, enfócate en el objetivo y busca tu valor para seguir adelante.

- ¿Qué es una microagresión?
- ¿Cómo puedes apoyar a otros mientras aún te apoyas a ti mismo?

Spanish Translation by Jennifer Sandoval, LMSW

SOBRE LA AUTORA

Erica Priscilla Sandoval, LCSW-SIFI es la fundadora de Sandoval CoLab, un grupo de psicoterapia y consultoría. Como apasionada terapeuta clínica y consultora, se dedica a promover la diversidad, equidad e inclusión (DEI). Erica está comprometida a amplificar las voces y los negocios de increíbles líderes Trabajadores Sociales Latinx y creadores de cambios enfocados en la justicia social, que están cambiando e inspirando comunidades. Erica trabaja con universidades, organizaciones sin fines de lucro, centros de atención médica, profesionales médicos y corporativos para brindar acceso a recursos y ayudar a avanzar a los equipos, a empleados y estudiantes a prosperar.

Más recientemente, Erica fue parte de la fundación de "Employee Network Alliance", un espacio de alianza para los líderes de la red de empleados de hoy y del mañana en donde se ayudan mutuamente a tener éxito.

Erica tiene una licenciatura en psicología clínica del adolescente y una maestría en trabajo social de la Universidad de Nueva York, Silver School of Social Work. Actualmente se desempeña como líder voluntaria como presidenta de la junta directiva de la Asociación Nacional de Trabajadores Sociales de NYC, la organización más grande de trabajadores sociales profesionales en todo el mundo.

Su trabajo se centra en la interseccionalidad de la salud conductual, las disparidades sociales, el trauma y el desarrollo humano. Se desempeña como asesora de Latino Social Work

Coalition y Prospanica NY. Su exitosa carrera le ha otorgado numerosos premios. Erica es invitada regularmente a ser oradora, moderadora y panelista.

ERICA PRISCILLA SANDOVAL, LCSW-SIFI es reconocida por varias organizaciones. Su mayor logro y orgullo fue criar a su hija Isabella (de veinte y un años) como madre soltera, a la cual la considera su mejor profesora. Erica es una inmigrante orgullosa de Ecuador, su pasión es impulsada por el apoyo que recibe de su comunidad.

Erica Priscilla Sandoval, LCSW-SIFI
President and Founder of Latinx in Social Work Inc.
erica@latinxinsocialwork.com
http://www.latinxinsocialwork.com/

Madrina

MI VIAJE A LA SOLIDARIDAD
COMO LATINA NEGRA Y JUDÍA

DR. LAURA QUIROS, PH.D., LMSW

"Somos restauradores del alma, somos sanadores, basados en una misión de justicia social."

Mis temas para este capítulo son el trauma intergeneracional, el legado y la solidaridad. Adhiriéndome al marco de trabajo social, en persona y entorno, quería empezar donde comenzaba mi historia y terminar donde estoy ahora, todo con el entendimiento de que la profesión de trabajo social es un viaje, y un transformador, si estás abierto.

También es una identidad. Una de las cosas más apreciadas del trabajo social es que, si te apoyas en él, la auto evolución no solo es posible sino necesaria, porque el trabajo social es una profesión que trabaja con la condición humana. Es una profesión relacional que requiere el uso de uno mismo. Las identidades de que quienes somos, aparecen siempre en sesiones, por lo que la pregunta es: ¿cómo se usa usted mismo para formar conexiones y ayudar a las personas, grupos y comunidades a superar los obstáculos?

Este uso crucial e intencional de uno mismo no se enseña ni se honra en el trabajo social tradicional. Siempre me han dejado perpleja las enseñanzas clínicas tradicionales donde no se divulga. Mis estudiantes vienen a mí después de haber aprendido en algún momento de su camino educativo de trabajo social, que la revelación es "mala" y perjudicial para la alianza terapéutica. Se adhieren tan estrictamente a las intervenciones de la práctica formal que son incapaces de ubicarse a sí mismos y luego usan su individualidad y su subsecuente vulnerabilidad para compartir historias que, de hecho, pueden profundizar las conexiones humanas entre ellos y sus clientes. Las probabilidades de que los clientes se involucren en una experiencia transformadora son mucho mayores cuando demostramos coraje, nos apoyamos en la vulnerabilidad y nos dejamos ver, y una forma de hacerlo es contando historias.

En última instancia, la persona, el grupo y la comunidad experimentan la curación a través de la relación, entonces, ¿por qué nosotros, en nuestra profesión, evadimos compartirnos a nosotros mismos y nuestras historias? Entiendo que al compartirse uno mismo, tiene que haber intencionalidad, atención y propósito, pero una vez que hacemos ese auto trabajo, las posibilidades son infinitas porque quienes somos y las historias que elegimos compartir no pueden desconectarse del trabajo.

Parte de la formación en el trabajo social debe incluir este trabajo autónomo que acabo de mencionar.

Les pedimos a los clientes que compartan las partes más profundas y duras de sí mismos, pero ¿somos lo suficientemente honestos y valientes para hacer lo mismo? El trabajo en ti mismo implica descubrir quiénes somos y cómo nos presentamos ante ellos. Implica sentarse en terapia y otros momentos de responsabilidad en torno a nuestros traumas y las formas en que socializamos. Para este trabajo es crucial el uso intencional de uno mismo para abrir espacios a los demás. Es un modelo de compartir en formas limitadas que permiten decir la verdad, la conexión, la construcción de comunidad y la curación.

Permítanme hablar acerca de mí: me identifico como una latina negra cisgénero que también es judía. Soy una madre soltera de dos niñas, Isabel, de siete años y Carla de trece. Soy profesora, consultora, amiga, hermana, mentora y socia. Todas estas identidades aparecen en mis sesiones, en mis relaciones personales y profesionales. Crecí en un hogar con una madre judía blanca y un padre latino negro.

He escrito esa línea tantas veces en mis publicaciones y borradores para mis charlas, sin embargo, cada vez, me enfrento a una nueva imagen de cómo se ve eso para mí como adulta, y cómo se veía eso como niña. Hago esta distinción, entre nuestra infancia y nuestra adultez, al principio de este capítulo porque gran parte de mi trabajo personal ha sido vivir en el presente.

Entender las energías emocionales y psicológicas que era, a las que a veces todavía me aferro y el por qué de esto, y finalmente entender cómo calmar a esa niña pequeña, para que pueda aparecer en toda su gloria como adulta. Como educadora de trabajo social, tengo la responsabilidad de entenderme a mí misma y a mi historia en un nivel profundo para mostrarme sinceramente a mis estudiantes, a mis clientes y a mis hijas.

TRANSMISIÓN INTERGENERACIONAL DEL TRAUMA

Cuando era niña, mi vida se veía y se sentía como un hogar dividido en dos. Por un lado, tenía a la familia judía y muy neoyorquina de mi madre; mis bisabuelos, Rubin y Dora que vivían en una cooperativa de vivienda, Rubin, era un sastre que luchó duro por los derechos sindicales, cosía la ropa de mis muñecas y Bubby, como la llamábamos, hacía las cremas de huevo más deliciosas y se sentaba durante horas diciéndome historias de mi ascendencia. Tuve un abuelo al que llamaba "Papá", que era joyero, y luego estaba mi abuela matriarcal a quien llamaba "Nana" y quien me cuidó una gran parte de mi niñez.

Me senté durante largos festejos de Pascua con mis primos en Long Island, los mismos primos que eran dueños de un prestigioso campamento de verano. Recuerdo las tradiciones, los valores de la educación, una vida con propósito y que mi mundo judío era, se veía y se sentía completamente formado por personas de raza blanca.

Mi padre y yo éramos los miembros con la piel más oscura de la familia, y eso no pasó desapercibido. Recuerdo la ocasión que fui a Florida a visitar a mis abuelos y me dijeron que estaba "demasiado oscura" para nadar en la piscina. Mi papá me amaba y tampoco creía en los matrimonios interraciales. Cierto era que los miembros judíos de mi familia entendían cómo se sentía el odio y habían experimentado su propio trauma intergeneracional debido a su identidad judía, sin embargo, eran racistas y vivían en su identidad protegida por piel blanca.

Era cuando estaba con mi padre y su familia que vivía un verdadero sentido de pertenencia cultural. El parecido entre mis tías, primos y yo era obvio: nuestra tez y cabello rizado, la comida, la música, las formas ruidosas y apasionadas de sentirme relacionada, pero en algún nivel siempre seguí siendo un extraño por alguna razón.

Para empezar, mi padre tomó la decisión desde el principio de no enseñarnos a hablar español a mi hermano y a mí. El español fue su primer idioma, sin embargo, debido a años de discriminación y las repetidas exigencias de "sólo inglés", él sentía que no quería causar el mismo sufrimiento a mi hermano y a mí. El idioma es siempre una fuerte estampa de identidad, y cuando no se habla el idioma de su cultura, se siente un rechazo, una deslegitimación que se produce tanto externa como internamente. En segundo lugar, el trauma intergeneracional que experimentó mi padre debido a su raza y cultura llegó a nuestra casa y aunque pasé algunos veranos en Puerto Rico, no conocía la cultura como algunos de mis primos. Por último, mi madre era blanca y judía, por lo que durante muchos años no sentí que tuviera derecho a reclamar una identidad negra y latina, porque se sentía como un acto de traición. Como resultado, pasé gran parte de mi infancia y mi adultez averiguando quién era yo y cómo reclamar todas las partes de mí misma.

EL LEGADO

Mi madre falleció el verano del 2021, justo cuando el mundo comenzaba a abrirse de nuevo después de un año y medio de vivir bajo la pandemia de COVID-19. Ella sobrevivió a la pandemia; había recibido su vacuna y habíamos vuelto a nuestra rutina semanal de sus visitas conmigo y mis niñas. Desde su fallecimiento, he estado pensando mucho en el legado. El poder y la gloria de mi madre vivían en su capacidad de amar incondicionalmente, estar en una relación y encontrar la belleza y el bien en todos. Celebraba la vida de los que estaban en su círculo: pasteles y velas en cada cumpleaños, siempre deseando la cercanía de la familia que la rodeaba. Ella estuvo a la altura del estereotipo de la madre judía: sacrificada, devota y siempre presente.

Mis hijas se apoyaron en estas cualidades al igual que mi hermano, y me imagino que sus amigos más cercanos y compañeros de trabajo hicieron lo mismo. En cuanto a mis hijas, mi madre conocía sus comidas favoritas, los libros adecuados para cada una de ellas y cómo amarlas por lo que cada una necesitaba, que a menudo era muy diferente. Izzy se benefició de muchos abrazos y del juego comúnmente conocido como "Tickle Monster" que implicaba muchas cosquillas, y Carla de las largas charlas sobre la angustia preadolescente, los desafíos del divorcio de sus padres y los programas especiales de Netflix que veían;

mi mamá siempre se aseguraba de ver los mismos programas que Carla, y luego se sentaban, jugaban a las cartas y hablaban de los detalles. Ella crio a mis hijas de la manera más amorosa, compasiva y sin prejuicios desde el día en que llegaron. Mientras mis chicas se inclinaban hacia este poder y esta gloria, para mí siempre se sintió más complicado, y gran parte de esa complicación fue a causa de nuestras diferentes identidades raciales y las formas en que el mundo nos trató y cómo navegamos por el mundo. He pasado un montón de tiempo contemplando por qué fue así. A veces, sentía que necesitaba algo diferente. No era que no quisiera refugiarme en sus brazos cada vez que la veía; ahora creo que fue porque estaba procesando cómo apreciar su enfoque de la vida y su identidad como mujer blanca y judía, con mi propia necesidad de apoyarme en mi propia identidad negra y latina, y en mi propio poder.

Incluso en mis cuarentas, todavía estaba averiguando qué era eso. Y después de mucho trabajo personal en terapia y con amigos cercanos, ahora comprendo que mi mamá y yo éramos mujeres muy diferentes, pero mujeres que aprendieron a verse por lo que éramos. La gente habla de lo complicadas que pueden ser las relaciones entre madres e hijas. Y solo ahora me doy cuenta del por qué: mi madre me ayudó a comprender que tenía que hacer el trabajo duro para ver mi propio poder y ser dueña de mi identidad como una latina negra que también es judía. Ella me ayudó a entender que amar a las personas incondicionalmente es complicado y puede ser confuso, pero es crucial. Ahora me doy cuenta, como una mujer adulta, de los dones que me dio para poder descubrir estas cosas por mí misma, además de amar profundamente a los que me rodean. Y ella me ha dejado con un regalo final.

Hay algo en mí que ha cambiado desde ese miércoles 16 de junio del 2021 a las 2 a.m. cuando ella falleció; es un cambio de responsabilidad, de pensar profunda e intencionalmente sobre mi legado, sobre lo que heredé y lo que mi mamá nos ha dado a todos. Su profundo amor, mi conexión con el judaísmo, las muchas etapas de la maternidad. Y con eso, me esfuerzo por personificar su poder y gloria de amor, generosidad de espíritu y paciencia. Ahora puedo ver claramente los regalos que dejó.

¿Quién soy yo y qué he heredado? Aprendí a hacer estas preguntas durante el tiempo que trabajé como facilitadora para una organización artística y cultural llamada "Reboot". Tuve el privilegio de facilitar seis sesiones sobre las intersecciones del judaísmo y el racismo anti-negro. Fue durante estas sesiones que comencé a comprender lo que significaba la solidaridad y cómo mi identidad multicultural y birracial era de hecho una encarnación de esa solidaridad.

LA SOLIDARIDAD

Al crecer, la solidaridad en torno a una identidad compartida del trauma intergeneracional del racismo y el antisemitismo no existía. Como adulta, a menudo me imagino cómo hubiera sido mi infancia si me hubieran enseñado la identidad compartida en grupos de personas que han experimentado el odio, que fueron discriminadas por ser diferentes a la hegemonía de la raza blanca y cristiana. Pero en realidad, hubo una separación de mis identidades. Aunque pasé muchos años en terapia, nunca tuve un terapeuta o trabajador social que me ayudara a ver mi identidad como un acto de solidaridad.

No puedo separar mi negritud de mi latinidad, ni quiero hacerlo. Mi pasión, la forma en que me expreso, mi emotividad y el amor por la comida y la música latinas se suman a mi identidad negra y latina. También me apoyo en mis valores judíos de orden superior, propósito, educación, generosidad, bondad y justicia social. Me siento completa en toda esta hermosa complejidad. Así que, como trabajadores sociales, ¿cómo nos ayudamos primero a nosotros mismos, y luego a nuestros clientes, a mostrarnos mejor para nosotros y luego para los demás? ¿Cómo podemos encontrar la solidaridad entre los muchos colores de nuestra cultura? Somos restauradores del alma y sanadores, cimentados en una misión de justicia social.

REFLEXIONES

El trabajo social es importante hoy porque es una profesión de curanderos, y la sanación nos ofrece la oportunidad de construir relaciones sinceras con nosotros mismos y con los demás. Somos restauradores del alma. Estamos viviendo una época sin precedentes, saliendo de una pandemia y siendo testigos del trauma, la disparidad individual y colectiva. No podría pensar en un mejor momento para esta profesión, cuando hay un anhelo de construcción y sanación comunitaria, cuando hay una necesidad de diversificar los espacios.

Construyamos prácticas inclusivas y apostemos por la equidad. El trabajo social conecta las micro experiencias vividas con macrosistemas más grandes como una forma de acercarnos a comprender el impacto que los sistemas tienen en la condición humana y alejarnos más de los déficits individuales. Es una profesión basada en un marco, en persona y entorno, y no podemos separar a la persona de su entorno. En última instancia, el trabajo social es una profesión que exige un trabajo de justicia social, que requiere valentía y la voluntad de auto examinarnos constantemente a nosotros mismos y a los sistemas de los que formamos parte y en los que participamos. El trabajo social es una invitación a imaginar y luego crear, un mundo lleno de amor. Analízate: ¿Qué te trajo a esta profesión? ¿Cómo ha cambiado ese propósito original? ¿Cuáles son los desafíos que enfrentas? ¿Cuáles son tus actos de solidaridad?

Spanish Translation by Daniel Stephan Cueva

SOBRE LA AUTORA

Laura Quiros, PhD., LMSW ha sido profesora asociada de trabajo social en la Universidad de Adelphi durante los últimos doce años. Enseña prácticas de trabajo social a nivel de doctorado y maestría. Su investigación y sus intereses académicos se centran en la atención informada por el trauma desde una perspectiva de justicia social. El hilo común en su consultoría, enseñanza y erudición es elevar la complejidad y promover la misión de la justicia social, incluida la diversidad y la inclusión.

Ella entrena, capacita y facilita diálogos con el personal de nivel ejecutivo en la educación superior, corporativas y organizaciones sin fines de lucro para profundizar y conectarse sinceramente con la diversidad y la inclusión. Parte de este trabajo implica empujar suavemente los límites de superar la resistencia a hablar con franqueza sobre la blancura y desempacar el trabajo de diversidad e inclusión. Mucho de esto se ha logrado mediante la construcción de relaciones. Ella usa sus habilidades clínicas y de construcción de relaciones como una forma de fomentar la conexión, la inclusión y la responsabilidad empática. La intersección para ella es clara, como mujer de color con un trasfondo muy multicultural, y esto solo podría sobrevivir a través de la construcción de relaciones. Negociar su identidad requirió que ella creara espacios lo suficientemente seguros y valientes para sobrevivir y prosperar. Su práctica es de liberación, amor y generosidad.

LA RE-EDUCACIÓN DE LA LATINA NEGRA

KAREN CIEGO, LCSW

ORIENTACIÓN REAL DEL TRABAJO SOCIAL

¿La llevo conmigo o no? Distraídamente le daba la vuelta a la taza en mi mano y la miré, pero no vi nada. La taza había sido un regalo del trabajo y era lo último que quedaba por empacar de mi cubículo antes de irme. Estaba a punto de lanzar mi propio negocio. En este lugar fui trabajadora social por primera vez y, a través de los años, pasé de un puesto a otro desarrollándome y aprendiendo.

Los recuerdos me llevaron hasta los inicios donde me encontré parada rodeada de estudiantes en una feria de trabajo. Había ido a averiguar sobre un puesto de trabajador social bilingüe para el cual había aplicado en línea. En aquel tiempo yo era interna a punto de terminar la escuela de posgrado y estaba harta de estudiar. Ya era hora de ganar dinero. Así que con tremenda tenacidad caminé hacia la mujer a cargo del trabajo, segura de que el puesto ya era mío. Le extendí la mano con firmeza. En tono de broma le pregunté si mi aplicación estaba "perdida" y esperé a que se riera, que me aprobara. Sus ojos me revisaron lentamente. Recé para que mi blusa estuviera limpia y libre de manchas color chocolate porque yo tenía la mala costumbre de tocarme la cara y mancharme con mi propio maquillaje. Finalmente, echando la cabeza al lado y sacudiéndola a modo de disculpa, me dijo: "Tienes que hablar español".

Pero ven acá. "Yo me crie hablando el español en casa. Aprendí inglés en la escuela", insistí con una sonrisa grande pero con mucho dolor interno. Fue demasiado tarde. La fuerza del golpe me empujó a un momento antes de mi "fracaso" en la universidad, antes de casarme y divorciarme, antes de volver a casarme y tener otra hija, antes de volver a la escuela, antes de encontrar mi pasión por ayudar a mi gente. Me quedé, una vez más, sin saber dónde pertenecía.

Después, arrastré una versión vacía de mí misma a través de las mesas haciendo una pequeña charla tonta sobre este o aquel trabajo mal pagado. Habiendo tenido una serie de trabajos durante diez años antes de regresar a la escuela, mis expectativas no eran altas, pero tampoco eran tan bajas. Esta es una maestría. Sin embargo, según mi cuenta bancaria, estaba a punto de irme a la ruina, así que regresé a la mesa donde aquel trabajo finalmente no sería mío y apliqué para otro puesto allí. Escuché que pagaban bien.

Luego me fui a casa, me desvestí y lloré. Semanas más tarde, mi orgullo pasó a un segundo plano porque todos tenemos que comer. Acepté una oferta de aquel infame lugar. Sin embargo, esa decisión no estuvo exenta de duras lecciones.

TRAGÁNDOME MI ORGULLO

Aprender sobre la supremacía blanca en literatura es una cosa, vivirla conscientemente es otra. Eso quedó claro años después cuando me senté en la oficina de mi jefe, que parecía un armario, estupefacto. Mientras le explicaba que mi personal merecía una oportunidad de crecer profesionalmente, pensó que era importante informarme que algunos de los trabajadores sociales que supervisaba no estaban hechos para puestos gerenciales. Además, no había ninguna oportunidad, así que para qué molestarse. Me senté mirando sus delgados labios con incredulidad. Me dio unas palmaditas en la cabeza con sus palabras y me agradeció por intentarlo de todos modos. *Mi equipo, constituido por afroamericanos y afrolatinos, no tuvo más remedio que ser excelente solo para cruzar la puerta. Entonces, ¿te disculpas?* Argumenté dentro de mi cabeza.

El impulso de pelear prendió mi alma, pero no fui arrastrada por el equipo de seguridad porque tenía facturas que pagar. Deseaba que mi hermana del trabajo estuviera allí para comprobar si mi labio inferior temblaba cuando hablaba. Ella decía que así era como sabía que yo estaba enojada. Pero para momentos como estos, cuando no había testigos, ideé muchas técnicas para calmarme a mí misma y para ayudar a mitigar el dolor. Uno de mis trucos consistía en mirar a una cámara invisible en la pared, dándole la cara de "no puedes inventar esta mierda".

Otra herramienta útil era hacerme creer que todo era una broma y que las cámaras y el equipo de repente irrumpiría para burlarse de mí mientras echaba la cabeza hacia atrás aliviada. "¡Oh, Dios mío! ¡Ya me atrapaste!", diría yo. Y cuando realmente me dolía, tomaba notas mentales de los aspectos más destacados de las conversaciones difíciles para mi programa de informe de una sola mujer. En él recreaba los aguijones y las réplicas inteligentes que solo podía soñar que tenía las bolas para escupir en la vida real. Liberar las heridas de mi cuerpo a través de la risa me salvó a mí y a mi trabajo muchas, muchas veces. También fue un buen entretenimiento en la oficina.

DESCONECTADA Y RECONECTADA

Pero esta última vez no fue divertida. "Pero mira pues, Karen...", dijo Mami, preparándose para restablecer mi perspectiva pintando una imagen de las luchas de los países del tercer mundo, como de costumbre. Continuaría hablando de la falta de acceso a la educación, el dinero, el poder y los privilegios. Por supuesto, aprecié su punto de vista. No estaba tratando de debatir su verdad. Llegar a este país fue difícil y le debía más que mi vida por asegurarse de que terminara la universidad mientras vivía bajo su techo con un bebé muchos años antes. Había llegado a comprender que ella y yo hablábamos de los mismos demonios; los míos eran de primera generación, pero siguen siendo los mismos. Las palabras se estremecieron en mi garganta mientras describía la impotencia de ocupar un asiento de primera fila ante la negación de acceso, y me preocupaba que su mundo y el mío fueran tan diferentes ahora que mi sufrimiento se perdió entre la traducción de nuestros idiomas.

Pero ahora era toda una mujer profesional, sola con mis hijas y Mami venía con cenas Garífunas de vez en cuando. La sinceridad de sus ofrecimientos fue suficiente para reducir el abismo entre nosotros. Aunque era lo más inteligente, rara vez llevaba comida al trabajo, prefiriendo tirar mi dinero en almuerzos caros. Pero hubo una vez, sin embargo, que mis compañeras del trabajo simplemente tenían que probar el tapado de Mami. Lo empaqué y me lo llevé al trabajo. Llena de inspiración, convertí mis sobras en el plato principal de una despedida improvisada para mi hermana de trabajo. Decidió dejar el trabajo y desatar todo su Black Woman Power. Estaba orgullosa de ella y triste de verla partir, pero ciertamente más orgullosa que triste. Así que rápidamente buscamos tazones y Tupperware para servir a cualquier persona con apetito. Estábamos ansiosos por comer, manifestarnos y hablar de tonterías.

Este era mi lugar de trabajo, seco e insustancial, por lo que me resultaba extraño pero familiar estar rodeada de una hermandad negra y morena que metía cucharas en caldo de leche de coco tibio y sabroso y escupía espinas de pescado en servilletas. Nos reímos y susurramos por turnos, compartiendo historias sobre el amor, los antepasados, los techos intactos y nuestras vidas en nuestro espacio sagrado. El brillo de las luces parpadeantes que mantuvimos encendidas durante todo el año le dio a nuestra oficina la sensación de Navidad y en este día de mayo, se sintió bien. Nos las arreglamos para crear un rincón para nosotros mismos donde colectivamente sabíamos que éramos necesarios y no queridos. Eso nos hizo sentir bien porque nos pertenecíamos el uno al otro.

BUENO, SERÉ...

"Sí, puedo", dije algunos años después. Un tío me había enseñado que esa era la única respuesta a las oportunidades que se me presentaban. Me acababan de contratar para completar las evaluaciones del idioma español y evaluar a los posibles solicitantes en la próxima feria de trabajo de MSW. Sabía muy bien que a mi empleador le convenía que valiera el doble de puntos en el juego de la diversidad por ser afrolatina. Sin embargo, nadie estaba más preparado para esto que yo. Además, mi alma cansada necesitaba esta victoria.

Un beneficio adicional fue la oportunidad de elegir candidatos que se adaptaran bien a mi departamento. Mi plan era simple, contrataría a quien fuera necesario y prestaría especial atención a aquellos que poseían los valores y las cualidades necesarias para satisfacer las necesidades de las personas a las que servíamos. Lo que esto significaba era que el candidato tendría que ser auténtico, humilde, brillante y despierto. Creé este objetivo en base a mi trabajo directo y como supervisora de un equipo diverso de trabajadores sociales. En mi mente, elegí a cada candidato como un supervisado y completé mini-simulaciones de supervisión para comprender si la misión vivía en sus corazones. Esta fue mi forma de demoler la farsa del excepcionalismo, una contratación a la vez. Era mi más ferviente deseo callar a todos los que me miraban y pensaban, *¡ahí va un lindo unicornio!*

Hice un gesto a la siguiente persona en la fila para que se dirigiera hacia mí. Dio un paso con confianza y me habló de su corta pero tan perfecta experiencia. Su comprensión de la misión y el trabajo era tan sólida que marqué su currículum para que la llamaran. Su piel se parecía a la mía y no hablaba ni una pizca de español. Ella era todo lo que necesitábamos.

Más de un año después, se sentó conmigo y recordó nuestro primer encuentro. Ella describió cómo había estado esperando nerviosamente su turno y con varios representantes en mi mesa, no estaba segura de dar un paso adelante cuando le hice señas para que se acercara. Confesó que había tenido miedo. "¿Tuviste miedo?", le pregunté, la insté a continuar mientras comenzaba a tragarse las palabras. "Te escuché hablando en español a las personas que estaban delante de mi y, sabes, pensé que no me contratarías porque…". Arrugué mi cara sin creer las palabras y me deshice en carcajadas. La ironía.

GRACIA Y PERSPECTIVA

Fue divertido ver que los conceptos erróneos sobre la identidad trascienden el tiempo y el lugar. No mucho después, estaba en un viaje en autobús de regreso a casa cuando escuché a tres niños de no más de quince años que claramente eran amigos cercanos. "Tú no eres negra, eres española", le dijo uno a una chica que a mis ojos parecía negra. Y al igual que yo, la chica se quedó en silencio y aceptó la tarea que le habían encomendado otros que no sabían nada mejor. No estaba segura de por qué esto todavía me resultaba divertido. En segundo grado mi amor platónico, que parecía del grupo musical Menudo me decía con la misma certeza que yo no era negra sino *trigueña*. Pensé que si él, con su linda apariencia de *Menudo* decía que eso era, entonces eso era. Ahora, toda una vida después, y en ese autobús, no me correspondía entrometerme. ¿Quién era yo para acercarme a esos niños del autobús y decirle a esa chica quién era? La vida y la experiencia le asignarían la responsabilidad de averiguarlo.

Obviamente ofrecer enseñanzas a niños que no me conocen, no es lo mío, pero con mis propias hijas es mi prioridad crear un hogar para el autodescubrimiento informado, consciente y sin prejuicios. Parecía que la vida se había esforzado por mostrarme lo que es ser Negra, ser Garífuna Estadounidense y ser Afrolatina, especialmente como trabajadora social que trabaja en espacios rodeada de gente Blanca. Entonces, es posible que nuestros mundos difieran un poco, pero tengo la certeza de que los demonios que atormentaron a la generación de Mami y a la mía, evolucionarán durante la vida de mis hijas. Espero que mi perspectiva también permanezca abierta al cambio para no crear un abismo entre nosotros, porque no tengo idea de cómo hacer tapado. Tengo la esperanza de que estemos bien.

Giré en mi silla, respirando a través de los recuerdos, la taza colgando de mi dedo. La acerqué a la despensa, la lavé y la sequé. Luego la puse lentamente en la basura.

REFLEXIONES

- ¿Qué te han enseñado acerca de quién se supone que eres?
- ¿Qué lecciones de vida relacionadas con tu identidad sobresalen más? ¿Son negativas/positivas? ¿Exactas/inexactas?
- ¿Qué puedes hacer para extender benevolencia hacia ti mismo mientras navegas por el mundo en tu propia piel?

Spanish Translation by Laura A. Alonzo

SOBRE LA AUTORA

Karen Ciego es psicoterapeuta, supervisora clínica, oradora pública, educadora y defensora de la curación de BiPoC. Tiene más de once años de experiencia en trabajo social, muchos como coordinadora de programas en el sistema de salud, donde contribuyó a varias iniciativas de diversidad. Karen lideró un equipo de alto rendimiento de trabajadores sociales negros y latinos hacia la obtención de la licencia clínica, una meta personal muy cercana a su corazón. Bajo su supervisión durante la pandemia, su equipo implementó intervenciones de afirmación cultural sin precedentes para atender a las poblaciones más afectadas por el COVID-19.

Karen es consultora ejecutiva de Clinicians of the Diaspora, LLC. y terapeuta de una lista de mujeres y madres profesionales BiPoC. Su enfoque terapéutico se basa en su experiencia vivida como Estadounidense Garífuna de primera generación criada en el sur del Bronx, donde vive con sus brillantes y creativas hijas. Karen proporciona supervisión clínica, facilita grupos psicodinámicos, enseña varios cursos de trabajo social y toma siestas de vez en cuando. Ella inspira a través del humor, la gratitud y la paz de cosecha propia.

Karen Ciego
karenciego@gmail.com

MADELINE MALDONADO, LCSW-R

MI DESTINO

Ser hija de dos inmigrantes de la República Dominicana, crecer en "El Alto Manhattan" y luego, a los 12 años, mudarme al condado del Bronx, en Nueva York, creó la base del amor que tengo por los latinos y el aprecio por nuestra cultura. Los latinos son personas trabajadoras y con gran capacidad de supervivencia, con un gran sentido de humor y amor por la vida. Lo aprendí de mis padres mientras crecía y lo vi a mi alrededor en personas que se las componían para sonreír, reír y bailar a pesar de tener circunstancias de vida muy difíciles.

Nací en una comunidad de obreros pobres e inmigrantes en la ciudad de Nueva York, llamada por sus residentes "El Alto Manhattan". A mediados de los años 80, esta comunidad, como muchas otras de Nueva York, estaba en crisis por la epidemia de cocaína crack y la consiguiente delincuencia y pobreza. Estaba acostumbrado a ver los frascos de cocaína crack vacíos en el suelo del recreo de la escuela, y a los hombres que se pasaban el día bebiendo fuera de las bodegas y licorerías de la comunidad. Leía el periódico NY Post cuando mi padre lo traía a casa todas las noches. Me impactaron profundamente las historias diarias de las personas sin hogar, los que morían de SIDA, las víctimas de crímenes, los bebés nacido adictos a la cocaína crack y los empobrecidos de toda mi ciudad. Cuando tenía 8 años, le dije a mi padre que quería salvar el mundo. Él sonrió y me dijo que podía hacerlo, que podía ayudar a mejorar este mundo. No sabía que lo decía en serio, que estaba diciendo en voz alta lo que ahora sé que es mi propósito en este mundo: ayudar a la gente y mejorar a este mundo.

Al principio, pensé que mi carrera sería la ingeniería civil o la medicina. Curiosamente, fue trabajando como cajera en el supermercado de mi padre mientras estaba en el colegio y luego como asistente administrativa en una consulta médica en la universidad, cuando comprendí que tengo un don para conectar con la gente. Para mi sorpresa, a los 16 años los clientes del supermercado me contaban su vida personal cuando les preguntaba " ¿Cómo está usted?" mientras les cobraba la compra. En la consulta médica, los pacientes me contaban que estaban ansiosos por el resultado de una prueba o que estaban estresados por su trabajo; a menudo compartían conmigo su vida personal. Me fascinaban, y me siguen fascinando, las experiencias de las personas, sus historias vividas y sus emociones y perspectivas.

Sabía que, aunque la ingeniería civil y la medicina eran profesiones interesantes y lucrativas, nunca llegaría a conectar con la gente ni a influir realmente en sus emociones y perspectivas en esas carreras. A los 21 años, uno de mis consejeros universitarios me habló del trabajo social clínico y fue como si se me encendiera una bombilla. Sentí esa enorme emoción que surge cuando encuentras una carrera que se alinea con el propósito de tu vida.

TRANSPARENTE

Al trabajar en mis dos internados de la universidad de posgrado, me di cuenta de que había una tremenda escasez de trabajadores sociales clínicos que hablaran español, por lo que las listas de espera eran largas para los clientes que sólo hablaban español. También fui muy consciente de cómo se trataba a estos clientes cuando no tenían un trabajador social latino y de idioma español como proveedor y defensor. Se les diagnosticaba erróneamente, se les medicaba en exceso, a veces en forma insuficiente, y su opinión no parecía importar en las decisiones que se tomaban para su cuidado. Mientras trabajaba con estos clientes de raza negra y de color, vi las caras de los miembros de mi propia familia y recordé sus propias experiencias navegando por sistemas que no parecían preocuparse por proporcionarles servicios. Cuando todavía estaba en la universidad de posgrado, decidí que trabajaría en comunidades de alta necesidad con clientes afroamericanos y latinos.

También aprendí de primera mano durante mis estudios de posgrado que, como mujer de color, mi aspecto físico provocaba ciertas reacciones en mis clientes y en mis supervisores y colegas. En mis clientes aparecía como transferencia (es cuando un paciente redirige los sentimientos hacia una persona significativa a su terapeuta) y como contratransferencia (los sentimientos del terapeuta hacia un paciente). Esto se discutió en mi escuela, pero no se adaptó a la experiencia de las trabajadoras sociales latinas o afroamericanas. No estaba preparada para la transferencia de los clientes varones ni para las microagresiones que experimentaría por parte de colegas y supervisores, y este no es un tema que se discute en la escuela o que muchos supervisores saben cómo abordar.

Todavía recuerdo a mi supervisora de mi internado pidiéndome que me pusiera su suéter de gran tamaño alrededor de mi cintura para cubrir mi trasero diciendo, "estás haciendo un escándalo en la sala de espera cada vez que pasas". Mi supervisora no abordó este asunto como el problema clínico y de tratamiento que era y, en cambio, disimuló su incomodidad con mi cuerpo dándome su suéter. Me sentí profundamente humillada por esta experiencia en mi internado y no era consciente de que había una palabra para las acciones de mi supervisora (microagresión). Así que internalicé su sentimiento de que mi cuerpo era demasiado provocativo y que había que cubrirlo y hacerlo invisible. Me puse su suéter, me tragué el nudo en mi garganta y seguí con mi trabajo ese día.

Mi primer trabajo fue como terapeuta de salud mental en el sur del Bronx. En este lugar aprendí a ver más allá de la enfermedad o la discapacidad del cliente y a apreciar la comunidad en la que trabajaba. Los clientes eran muy amables y nunca me hicieron sentir que era inexperta (aunque lo era). Nunca olvidaré a mi cliente que tenía esquizofrenia, pero que incluso en sus episodios psicóticos traía "pasteles" para el personal durante las navidades. O mi otro cliente, que tenía un diagnóstico de depresión, era un "babalawo" (un sacerdote de la religión Santería) y me enseñó a través de nuestro trabajo que puedo ayudar a los clientes a sanarse utilizando sus creencias basadas en su fe. Tampoco puedo olvidar a mi cliente adolescente que sufrió un trauma por abuso sexual y acabó desarrollando sentimientos por mí. Averiguó cuál era mi vehículo en el garaje y me dejaba tarjetas y rosas en el cristal. Por suerte, para entonces tenía un supervisor que me enseñó a establecer límites terapéuticos y pude seguir siendo su terapeuta y ayudarle a manejar sus sentimientos.

A continuación, hice la transición al trabajo macro social y pasé a la educación comunitaria y pasé mis días yendo a escuelas, centros de ancianos, peluquerías, iglesias y otras organizaciones para promover la educación sobre la salud mental y la prevención del suicidio. Esto fue antes de que las redes sociales e Internet hicieran posible el intercambio de información con el clic de un botón. Tuve que salir a la calle en el Bronx, hacer contactos y hablar en público para transmitir mi mensaje. Disfruté mucho conociendo a tanta gente diferente, y fue interesante ir a diferentes barrios cada día. No disfruté de que me pusieran kétchup por todo mi vehículo nuevo en un caluroso día de verano (al parecer, era una broma que les gustaba hacer a los adolescentes de esta comunidad). Tampoco me gustó que me dirigieran una boca de incendio que está abierta para que mi vestido se empapara y se volviera transparente (ésta era otra broma que a los adolescentes varones les gustaba hacer a las mujeres en los días de verano). Sentía que podían ver a través de mí, y de hecho lo podían hacer. Después de esto, ya no me ponía vestidos cuando trabajaba en la comunidad. A pesar de los retos, este trabajo fue el comienzo de mi desarrollo como oradora pública y de aprender a confiar en mi voz como trabajadora social. Es una habilidad que sigo utilizando hasta hoy como una profesora auxiliar y oradora en los paneles y conferencias de salud mental.

Me gustaría poder decir que las microagresiones cesaron cuando continué con mi carrera, o que fueron menos dolorosas de experimentar. Ese sentimiento de vergüenza por mi cuerpo de latina, dominó mi forma de vestir profesional durante muchos años. Desde pantalones que eran dos tallas más grandes, hasta faldas sueltas hasta la rodilla, e incluso me ponía suéteres sobre la ropa y decía que era porque "siempre tenía frío en la oficina". Mi armario estaba lleno de ropa que sentía que tenía que ponerme todos los días para ser "respetada y tomada en serio". Todavía recuerdo a una colega reciente compartiendo en voz alta en la sala de recreo del personal su percepción de la razón de mi alto índice de retención: "tus clientes siempre se presentan a las sesiones Madeline, no está de más que seas tan bella". Volví a ser invisible o transparente. Con esa única declaración, mi colega "borró" 20 años de mi experiencia profesional y mi conocimiento de las intervenciones clínicas, ¡y lo hizo delante de nuestros otros colegas! Sin embargo, esta vez fue diferente. Sabía que se trataba de una forma de microagresión llamada micro-insulto y no internalicé sus sentimientos ni permití que me invalidará.

En su lugar, busqué inmediatamente el apoyo de colegas y amigos que validaron mi experiencia y afirmaron que no estaba siendo demasiado sensible a su comentario. También medité y recé y afirmé mi verdad una y otra vez: que mi experiencia, mis habilidades y mis capacidades son la razón por la que tengo éxito con mis clientes. Ser consciente de lo que son las microagresiones y cómo superarlas y afrontarlas es algo que he enseñado a mis estudiantes de trabajo social y a los que he supervisado a lo largo de los años.

Me he hecho más fuerte gracias a estas experiencias. Mi cuerpo de latina no es para avergonzarse. Ya no me disculpo por hacerla sentir incómoda. Me he desprendido de ese vestuario profesional que no me convenía porque esto no me hace menos capaz. Amo y aprecio mi cuerpo por sus curvas y por su fuerza para no quebrarse bajo la violencia de la objetivación, el sexismo y la microagresión.

LA SILLA VACÍA

A los 27 años, empecé a pensar que era el momento de empezar a dar vida a mis ideas sobre cómo dirigir programas de salud mental más eficientes. Quería cambiar la forma en que se dirigían las organizaciones para atender mejor a los clientes afroamericanos y latinos. Decidí que la forma de conseguirlo sería a través de papeles administrativos y me contrataron como supervisora clínica en un hospital. Esta fue mi primera experiencia en la supervisión de equipos de profesionales, y empecé a pensar sobre el tipo de líder de trabajo social que quería ser. También aprendí que no todo el mundo estaba contento de que yo estuviera allí. Una de mis colegas, que era supervisora clínica en otro departamento, fue muy clara al decir que pensaba que yo era "demasiado joven" para el trabajo. También se empeñó en no permitirme sentarme a su lado en las reuniones semanales (de hecho, se levantaba y movía su silla cuando me sentaba en la silla libre junto a ella). Este es un ejemplo de edadismo y de sistemas que te perjudican. Recuerdo haber llorado en el baño varias veces porque no podía entender por qué yo no le caía bien. Aprendí una valiosa lección trabajando con ella, no puedes hacer que la gente te quiera, así que mejor haz lo que has venido a hacer y hazlo bien. Una vez que dejé de preocuparme por su aprobación o de buscarla, fui capaz de prosperar en ese ambiente a pesar de ser agredida. Seguí centrándome, trabajando duro y demostrando la calidad de mis habilidades como supervisora. Me gané la atención de la directora de la clínica y, cuando se trasladó a otra agencia, me habló de un puesto disponible allí.

A los 30 años me convertí en directora de Clínica; ¡mi sueño se hizo realidad! Estaba supervisando un equipo de psicoterapeutas que proporcionaban servicios ambulatorios de salud mental bilingües y biculturales, intervención en caso de crisis y coordinación de casos a clientes latinos en el Bronx. A lo largo de los años, he reproducido mi modelo para dirigir clínicas de salud mental con equipos de psicoterapeutas y supervisores en varias organizaciones. Tuvimos un gran éxito trabajando con hombres, mujeres y niños afroamericanos y latinos. Algunos eran incluso clientes de alto riesgo que se consideraban un peligro para ellos mismos o para los demás.

Ha habido grandes logros: como ser presentada en el portal de la NASW sobre la herencia hispana como "Terapeuta sobresaliente" en dos ocasiones, convertirme en miembro del Salón de la Fama del Departamento SEEK de la Universidad Hunter, tener varias auditorías en mis programas citadas como ejemplares, y ser invitada a dar clases de posgrado de trabajo social en la Universidad Fordham. También ha habido retos y puntos bajos: estar trabajando después de los ataques terroristas del 11 de septiembre de 2001, tener dos clientes de terapia morir por suicidio con tres meses de diferencia, trabajar hasta las 2:00 de la mañana muchas veces durante las auditorías o mientras trabajaba en proyectos especiales, tener que despedir a trabajadores sociales por mal comportamiento o falta de ética, soportar las miradas y el acoso verbal de un jefe masculino y tener que dejar ese trabajo, y trabajar durante la pandemia de COVID-19.

Pienso en esa silla vacía junto a mí en las reuniones semanales y en lo inadecuada e insegura que me sentí cuando se alejó de mí. Elegí sentarme allí y sabía que merecía estar allí. Esa silla vacía me motivó a querer llenar ese espacio con trabajadores sociales latinos y de color. Y a lo largo de los años he podido sentarme en la cabecera de la mesa y hacernos un espacio a todos. Para ustedes…

MI SALSA SECRETA

He aprendido que en el trabajo social, al igual que en la vida, hay que crecer y reinventarse para alcanzar el máximo potencial. Abrí mi práctica de consultoría de trabajo social en el 2015 y he dedicado esta siguiente fase de mi carrera a la evaluación de niños con retrasos y discapacidades del desarrollo. La mayoría de los niños que veo son latinos o afroamericanos, muchos de ellos viven en comunidades de personas pobres y trabajadoras como en la que yo crecí. La mayoría de las familias no están familiarizadas con los problemas de salud mental o los retrasos en el desarrollo de los niños pequeños ni con la forma de tratarlos. Gran parte de lo que hago es conectar con las familias y tratar de entender cuáles son sus preocupaciones. Cuando hay un diagnóstico (por ejemplo, trastorno del espectro autista), lo doy con dignidad y compasión y trato de proporcionar información y esperanza de que el cambio es posible con el tratamiento. También abogó en mis informes escritos para que estos niños y sus familias reciban los servicios que necesitan para que el niño pueda alcanzar su máximo potencial.

En el momento en que escriba este capítulo, habré sido trabajadora social durante 21 años. Mi herencia será haber ayudado a sanar a las personas y a cambiar sus vidas, provocando así una reacción en cadena dentro de sus propias familias. Me siento honrada de haber tenido miles de clientes a lo largo de los años que me han contado sus historias, han compartido sus corazones conmigo y, al hacerlo, me han confiado sus vidas. Soy una persona resiliente y valiente. Tengo una profunda fe en Dios, y en mis momentos más difíciles sé que puedo y voy a vencer. Siempre apuesto por mí, y confío en mis dones y capacidades, incluso cuando no sé cómo van a salir las cosas. Esta es mi salsa secreta y lo que me distingue. Mi resiliencia es mi regalo para mis clientes y otros trabajadores sociales, es lo que les enseñó, a luchar por su bienestar emocional, por sus sueños, y a tomar asiento por lo que quieren para ellos y sus familias. Mi esperanza para ti al leer mi historia es que busques una carrera que cumpla tu propósito, y que elijas repartir amor y compartir tus dones con el mundo. Espero que te veas a ti mismo como un agente de cambio para las personas más vulnerables de nuestras comunidades. Sobre todo, espero que sigas siendo auténtico con lo que eres y de dónde vienes: ¡esa es tu salsa secreta!

MÁS ALLÁ DE HOY

Es importante que los trabajadores sociales aprendan intervenciones clínicas a corto plazo que sean efectivas con diferentes tipos de clientes. Habilidades clínicas + habilidades de documentación + habilidades sociales con las personas = una carrera lucrativa y larga como trabajador social. Ten en cuenta tus necesidades como profesional y asegúrate de atender tus necesidades como ser humano y de recibir una compensación adecuada por tu trabajo. Pon en orden tus finanzas: invierte en profesionales que puedan ayudarte a elaborar un plan para pagar los préstamos universitarios, ahorrar dinero e invertir. Tú lo vales.

El Trabajo Social es tan importante hoy en día porque somos la única carrera que combina la justicia social, el cambio social, el trabajo legislativo y la salud mental. Durante 2020 y 2021 hemos visto un aumento de estadounidenses con depresión, ansiedad, suicidio, trastorno de estrés postraumático y abuso de sustancias. Hemos soportado vivir en una pandemia, tensiones raciales, brutalidad de la policía, desórdenes, un aumento de los crímenes de odio, un aumento de los grupos supremacistas blancos, una recesión financiera y un desempleo sin precedentes. A través de todo esto, los trabajadores sociales han estado en el frente. Hemos marchado por la justicia social, hemos exigido el cambio social y hemos seguido estando ahí para nuestros clientes. El trabajo social es duro y requiere valor y dedicación. Para cada uno de nosotros que logra el éxito hay más trabajo por hacer, y más por ser valiente. Y no me arrepiento en absoluto...

REFLEXIONES

- ¿Cuál es mi "salsa secreta" que me distingue de los demás?
- ¿Cómo han influido mis experiencias de microagresiones en lo que veo cuando me miro en el espejo?
- ¿De qué manera puedo afrontar y superar mis experiencias dolorosas y afirmar mi verdad?
- ¿Cómo puedo utilizar mis talentos y habilidades para mejorar la vida de otras personas?

Spanish Translation by Madeline Maldonado, LCSW-R

SOBRE LA AUTORA

Madeline Maldonado tiene más de 20 años de experiencia en la administración de programas, supervisión clínica, entrenamientos profesionales y como psicoterapeuta. Se especializa en evaluaciones de autismo para niños y adolescentes. Madeline es la Presidenta y Propietaria de Madeline Maldonado, LCSW Consulting P.C. y es profesora auxiliar y consejera de prácticas en el Programa de Maestría en Trabajo Social de la Universidad de Fordham.

Madeline ha dedicado su carrera a mejorar los sistemas y organizaciones que trabajan con las personas y les proporcionan servicios. Como profesora de trabajo social y como consultora, entrena a estudiantes y profesionales sobre cómo trabajar dentro del actual sistema de salud mental con menos estrés y agotamiento. Madeline cree en enseñar y capacitar a sus clientes para que sean sus propios terapeutas y defensores. Afronta los problemas con trabajo en equipo y estrategias centradas en la solución. La amabilidad y el humor son su sello distintivo.

Madeline tiene una maestría de la Universidad de Nueva York Silver School of Social Work y una matrícula de honor en Psicología de la universidad Hunter College de CUNY. También es bilingüe en español.

Madeline vive en el condado de Westchester, NY, con su perrito Moofasah y su gato Poombah. Está en planes para abrir una clínica en la ciudad de Nueva York para ofrecer psicoterapia a niños y familias latinas y afroamericanas y servicios de evaluación para el autismo y otras condiciones de desarrollo.

Madeline Maldonado, LCSW-R
madeline.maldonadolcswr@gmail.com
www.linkedin.com/in/mmaldonado-lcswr/

ES MÁS FÁCIL GUIAR A OTROS, QUE GUIARTE A TI MISMA

———

YURILKA A. HERNANDEZ, LCSW

Mi nombre es Yurilka A. Hernández y soy afrolatina de la República Dominicana. Yo quiero compartir con ustedes mi historia y como he podido navegar mi latinidad en el área de trabajo social. Cómo Latina de primera generación, yo he logrado obtener más de lo que he soñado. Una de las cosas más importantes que me ha destacado en mi carrera es que soy bilingüe, y me encanta representar a mi comunidad con mis dos idiomas.

OTRA COMO YO

Yo tenía 16 años cuando me mudé aquí a los Estados Unidos. Me acuerdo como si fuera ayer. Era diciembre primero del 2004, inmediatamente mis padres me apuntaron en la escuela y fue ahí cuando sufrí mis primeras formas de agresividad y discriminación por las manos de otra Latina como yo. Ella era una consejera de la escuela, y me aconsejó que me saliera de la escuela y obtuviera diploma de equivalencia secundaria porque yo no hablaba ni entendía inglés y no iba a pasar el examen de inglés que ofrecía el estado seis meses después.

Yo brevemente consideré la opción, porque ella estaba ahí para ayudarme. Pero como yo nunca he escuchado a las personas cuando me dicen que yo no puedo hacer algo o que no soy capaz. Yo estaba tratando de asimilarme a una cultura nueva. Esta escuela no parecía una escuela, sino como una prisión. En mi hermosa Quisqueya, yo iba a una escuela bella; aquí, los estudiantes tenían que pasar por un detector de metal todos los días. Ni siquiera los celulares eran aceptados en casos de emergencia.

Cuando yo vivía en la República Dominicana, mi escuela era hermosa, y los estudiantes comíamos afuera en las granjas. Nunca pensé que tan importante sería para mi las granjas y el césped, hasta que yo estuve sentada en una cafetería, rodeada de policías. Entre eso y esa consejera diciéndome que yo no iba lograr mucho en mi vida, me sentí llena de dudas y de miedo. Pero sin embargo, yo decidí seguir adelante.

MAMI, PAPI Y EL APOYO

Mis padres son las personas más increíbles que conozco. Ellos me han apoyado, me han dado ánimo, me han llevado a todas mis ceremonias y nunca se han quejado por sus esfuerzos. Mi mamá es una de las mujeres más increíble que he conocido.

Ella siempre me dijo que yo tenía suerte; suerte para que las personas me aprecien, para que quieran conectar conmigo y para qué desean invertir su tiempo en mi. Ella siempre ha sido mi más grande apoyo y mi admiradora número uno, así como el mejor ejemplo para yo seguir. Mi mamá valora muchas de las tendencias que me han beneficiado en mi trayectoria: como manejar el tiempo, como darle seguimiento a las cosas importantes, y cómo ser una persona responsable por lo que le toca esos valores me han beneficiado mucho en mi vida personal y profesional.

EL SUEÑO AMERICANO

Tenía diecinueve años cuando descubrí que podía ir a la universidad y recibir asistencia financiera. Me inscribí en Bronx Community College para convertirme en abogada. Mientras estaba en BCC, tomé un curso de artes liberales que fue una introducción a los servicios humanos. Era una electiva. Se suponía que iba a ser una clase fácil, pero nunca sospeché que esta clase iba a cambiar mi vida. Debatí ideas, temas y luché por mis puntos de vista con compañeros y profesores. Cuando me di cuenta de que había tomado todas mis clases en servicios humanos, tuve que declarar una especialización, así que cambié de leyes a servicios humanos. Fue allí en mi último semestre que conocí a un profesor que después de discutir durante horas en clase sobre el tema de la igualdad, los derechos humanos, la pobreza y otras cosas, me ofreció una pasantía en su trabajo de tiempo completo. Estaba demasiado entusiasmada con esta oportunidad, porque escuché mucho sobre la desigualdad, la pobreza, el uso de drogas y tantos problemas de derechos humanos que simplemente no podía creer que tuviéramos tanto por lo que abogar.

EL TRABAJO SOCIAL: EL ARBOL DE LA VIDA

Me presenté extremadamente temprano esa primera mañana, lista para comenzar mi pasantía. Yo tenía veinte años. Recuerdo que cuando entré en ese refugio estaba oscuro y nublado. Todo el mundo tenía una habitación que a mi parecía como un clásico anuncio para la desesperanza. La población que se atendía allí era la población con VIH, y aunque era 2007, parecían si fuera los de principios de los años 80. Me tomó un tiempo decirle a mi familia que estaba tratando a personas con VIH debido al estigma que rodeaba a la comunidad latina en torno a esa enfermedad. Di el primer paso para eliminar el estigma, eduqué a mi familia y promoví el cambio.

Hice una pasantía con mi profesor durante un año, y luego me contrató. Fue entonces cuando aprendí cuánto papel se gasta en el trabajo social, con las notas interminables.

Como ya me había graduado con mi título de asociado, poco después conseguí otro trabajo en otra organización sin fines de lucro. Estuve allí durante cuatro años cuando pregunté por un puesto de liderazgo. Me dijeron que necesitaba un título superior, por lo tanto, decidí volver a la escuela, porque quería liderar, ya que en estas organizaciones no había líderes que me representaran. Me inscribí en Lehman College para obtener mi licenciatura y fue lo mejor que hice. Allí conocí a unas mujeres maravillosas que hoy son como familia. Lehman es muy diverso y nunca me sentí sola o como una extraña. Tuve algunas personas increíbles que solo me inspiraron a hacerlo mejor y me apoyaron. Por esta razón, apliqué a NYU para mi programa de maestría.

LA LEONA SOLITARIA

Estaba más que emocionada; no podía creer que solo diez años antes hubiera considerado abandonar la escuela secundaria porque no hablaba un idioma lo suficientemente bien como para ingresar a una escuela así. Mi experiencia en NYU me dio una perspectiva única; ya diferencia de Lehman, donde en cada cuarto había alguien como yo, que sonaba como yo, que se parecía a mí, aquí no había nadie. No había afrolatinos, ni culturas y profesores diversos. Así que tratamos de crear un club, y solo éramos siete de diferentes departamentos. No tuvo éxito, pero en 2017 vino otro grupo de latinos y construyeron algo hermoso. En mayo de 2015, me convertí en una trabajadora social maestra, mientras mis dos padres, extremadamente dominicanos, me animaban desde el balcón del Lincoln Center.

UN DIAMANTE ÁSPERO, NACIDA PARA EL LIDERAZGO

El 5 de mayo de 2015 recibí una entrevista para trabajar en Acacia Network, y aquí es donde comenzó mi verdadero viaje. Nunca había oído hablar de ellos antes, pero investigué y descubrí que eran la segunda organización sin fines de lucro más grande de la ciudad de Nueva York. No fue hasta que entré en esta entrevista que conocí a quien se convertiría en una de las personas más influyentes en mi vida profesional. Conocí a la Sra. Yaberci Pérez-Cubilla, una mujer dominicana, alta, y morena que se sentó frente a mí, muy elegante, mientras me decía que se estaba haciendo cargo de una nueva ubicación en el Bronx y que buscaba gente trabajadora, motivada, y que no tuviera miedo a trabajar en un entorno increíblemente acelerado.

En este punto ella podría haberme dicho que iba a estar friendo plátanos en la esquina y le habría dicho que sí. Había trabajado antes para muchas otras organizaciones y ninguno de sus líderes se parecía a mí. Estas empresas fenomenalmente exitosas no se parecían a mí, no hablaban como yo, no sonaban como yo, no venían de donde yo venía, y aunque en ese momento ella era sólo directora de programas, me impresionó mucho.

Avance rápido siete años después, y hoy estoy sentada en su silla. Ella me abrió puertas, me empujó a ser mejor, puso su fe en mí, confió en mí, y nunca podré pagar eso. A lo largo de los años, desarrollamos una relación y, aunque ella no lo admitirá, es mi mentora.

LA REPRESENTACIÓN IMPORTA

Trabajé en esta empresa durante mucho tiempo. La mayoría de la gente siempre me pregunta: "¿Por qué te quedas ahí? ¿Por qué no te mudas ahora mismo?" Te diré por qué: podría ir a cualquier lugar que quisiera; Tengo mi licencia y obtuve todo lo que quería obtener; mis objetivos se han cumplido profesionalmente, ya que he embarcado en muchas aventuras diferentes. Pero Acacia Network me ha permitido hacer todo eso y más.

El crecimiento profesional es una de las cosas más importantes para mí, y Acacia Network me ha permitido crecer profesionalmente. Han invertido en mi carrera, y esa es una de las cosas más importantes de encontrar en una agencia tan grande como esta. A lo largo de los años he visto mujeres extraordinariamente fuertes como Lymaris Albors, que para mí se ha convertido en una gran inspiración. Ella vino a una reunión que teníamos y compartió su historia con nosotros, sobre cómo decidió mudarse de Puerto Rico para perseguir sus objetivos profesionales, y hoy lidera la organización sin fines de lucro más grande. Ella es una líder que se parece, habla y tiene un acento como yo.

GUIARME A MI MISMA, CON UN EJÉRCITO A MI LADO

Quiero inspirar a las mujeres. Reconozco lo lejos que he llegado en la vida trabajando duro, y a pesar de tener un acento fuerte como el que tengo, cuando hablo, no tengo miedo; no hay vergüenza, no hay cuestionamiento de mí misma: soy poderosa. Aprendí hace mucho tiempo que tener personas que se parecen a usted en posiciones de liderazgo hace una gran diferencia.

Hoy soy intrépida y audaz, con mi fuerte acento, cabello de sal y pimienta sin disculpas que continúa superando los límites, fiel a mis sueños y con hambre de éxito. He aprendido que puedes lograr cualquier cosa que quieras si tienes a las personas adecuadas apoyándote. Ya no me disculpo por ser ambiciosa, por ser ruidosa, por soñar más allá de las expectativas. Es extraordinario para mí poder trabajar como lo hago, alentar y ayudar a la nueva generación de trabajadores sociales a ser mejores y más grandes. Como mujer, hija, hermana, tía, amiga, trabajadora social, maestra y practicante, la representación es importante.

REFLEXIONES

Siempre es importante recordar volver a tus raíces si alguna vez te sientes perdida. El cuidado personal es una prioridad sin importar en qué etapa de tu vida te encuentres. Hacer ejercicio me brinda un gran consuelo, y el levantamiento de pesas y el entrenamiento de Crossfit son mi pasión y me brindan un gran alivio. Al mantener mi cuerpo tan activo como mi mente, puedo trabajar con las emociones y mantenerlas bajo control.

Spanish Translation by Yurilka A. Hernandez, LCSW

SOBRE LA AUTORA

Yurilka A. Hernandez es una Trabajadora Social Clínica Licenciada en el estado de Nueva York (LCSW). Es directora ejecutiva y fundadora de Psychotherapy & Consultation Services LCSW-PLLC. Es una mujer hispana bilingüe y bicultural con más de trece años de amplia capacitación y experiencia en las áreas de salud mental, competencia cultural, trabajo con familias inmigrantes, trastornos por abuso de sustancias y supervisión clínica.

Su formación académica incluye una Licenciatura en Ciencias y un título de posgrado (MSW) de la Escuela Silver de Trabajo Social de la Universidad de Nueva York. En 2016, completó un Programa de Certificado de Posgrado en psicoterapia psicoanalítica del Instituto de Psicoanálisis de Manhattan, y certificó en gestión intermedia del Consejo Nacional para la Salud del Comportamiento 2019 y Liderazgo Ejecutivo para Organizaciones sin fines de lucro en la Universidad de Nueva York.

Como parte del equipo de comportamiento en Acacia Network, la segunda organización sin fines de lucro dirigida por latinos más grande del país, su cartera incluye clínicas de salud mental, programas escolares de abuso de sustancias, programas para jóvenes involucrados en la corte y hogares de salud.

Como supervisora de campo y maestra en la escuela de trabajo social de la universidad Adelphi, ha cultivado relaciones saludables y positivas con los estudiantes al dar forma a nuestra próxima línea de trabajadores sociales con su viaje.

Hoy, Yurilka trabaja como administradora principal de casas de salud. También participa en múltiples actividades de defensa en Washington, D.C. y Albany, donde lucha por sus pacientes, sus compañeros trabajadores sociales y el bienestar de los demás. Es hija, hermana, amiga, amante y aliada. Ella lucha todos los días por la justicia social, mientras promueve el crecimiento y la esperanza. ¡El trabajo social es el árbol de la vida y ella es una mensajera!

Yurilka A. Hernández: www.psicoterapia-today.com

EMPUJANDO A TRAVÉS DE LA ADVERSIDAD

INGRID MCFARLANE, MSW, LCSW-R

UNA MEZCLA

Creo firmemente que el trabajo social fue una progresión natural en la historia de mi vida. Desde muy temprano, me volví muy consciente de cómo la raza, el color y el origen étnico afectaron mi vida. Nací en Brooklyn, Nueva York, pero crecí inicialmente internacionalmente en Londres, Inglaterra. Pasaba los veranos en Nueva York hasta que me mudé a Queens, Nueva York, el verano antes de comenzar el sexto grado. Mi familia quería exponerme a todas las razas y etnias diferentes. Como resultado, asistí a escuelas católicas privadas desde el jardín de infantes hasta el duodécimo grado. El denominador común entre mis compañeros de clase y yo era la religión católica. Había una pequeña minoría de estudiantes que no eran católicos (es decir, ortodoxos griegos, hindúes, etc.) en la escuela secundaria. En la escuela privada para niñas a la que asistí, The Mary Louis Academy, estuve expuesta a estudiantes con religiones mucho más diversas.

Mientras vivía en Londres, era consciente de las diferencias de raza entre mis compañeros de clase y yo. Sin embargo, todos aceptaron mucho, hasta el punto de que había una gran cantidad de relaciones interraciales de parientes. No fue hasta que regresé permanentemente a Nueva York y comencé el sexto grado que me di cuenta de mis diferencias en relación con los otros estudiantes de una manera negativa. Soy afrolatina, y mi abuela materna es de Cuba. Como muchas personas de origen latino saben, lo que nos hace hermosos es que físicamente podemos tener diversas características, personas de "una mezcla", una mezcla de alguien de origen europeo y africano, de orígenes indios o asiáticos, antecedentes europeos o principalmente africanos.

¿ME VES?

Mis características físicas (como el tono de la piel y la textura del cabello) parecen ser de alguien de ascendencia africana. Es solo cuando hablo en español que la gente asume que soy de ascendencia dominicana. Cuando crecí en las décadas de 1980 y 1990, cualquiera que no fuera de ascendencia europea en los Estados Unidos era considerado una "minoría". Tan peyorativo como parecía ser el término "minoría", me sentía más pequeño e insignificante de lo que nunca me había sentido en mi joven vida. Otros estudiantes se burlaban de mí sobre mi cabello usado en trenzas, llamando a las trenzas "vías de tren" y se burlaban de mí. También noté que los maestros no siempre me escuchaban ni me notaban cuando levantaba la mano para participar en clase. A pesar de ser ignorada, siempre fui una estudiante excepcionalmente buena. Por lo tanto, me sorprendió mucho el hecho de que no estaba recibiendo el reconocimiento que normalmente habría recibido por mis calificaciones en Londres. Me di cuenta de que mis amigos caucásicos eran tratados de manera diferente a mí.

Cuando fui a la escuela secundaria, fui a una escuela católica para niñas, que era muy prestigiosa. Estoy muy agradecida por la educación que recibí en esta escuela. Sin embargo, siento que debido a mi raza y etnia, no me animaron a tener éxito de la manera en que lo hicieron mis compañeros caucásicos. Me destaqué en mis clases y tomé el examen PSAT en mi segundo año, obtuve una calificación extremadamente alta y me otorgaron un Premio Nacional de Becas de Mérito. ¡Mi logro académico me hizo sentir muy orgullosa! La reacción que recibí de mi escuela secundaria fue muy sedada, por decir lo menos. Había otros dos estudiantes de color que también habían logrado puntajes altos en el PSAT. Las dos eran afroamericanas. La escuela no dio el reconocimiento por hacer que los estudiantes de su escuela lograran porcentajes altos en un examen nacional. Además, no hubo estímulo por parte de los maestros o la administración de la escuela para mantener el excelente trabajo para ingresar a un colegio o universidad de nuestra elección.

ÁMATE A TI MISMO

Me quedó claro que mi apariencia física, raza y etnia jugaron un papel crucial en la forma en que las personas me respondían. Sabía que tenía que esforzarme más que los estudiantes caucásicos para destacar y recibir reconocimiento por mis logros.

Cuando ingresé a Sarah Lawrence College, fui bendecida con una escuela que daba la bienvenida a los estudiantes, aprendiendo sobre su raza, etnia y cultura, y alentaba el orgullo. Mis profesores también eran multiracialmente diversos. Como resultado, las caras de los profesores, se parecían a mí y entendían los problemas que enfrentaban las personas de las culturas latina y afroamericana.

Fue en este momento que comencé a sentirme más cómoda en mi piel, y me di cuenta de que no tenía que sentir que había algo mal conmigo porque mi tez era más oscura, mi cabello no era naturalmente lacio, mis labios estaban más llenos y mis rasgos físicos no eran rasgos típicos europeos. Uno de mis profesores y mentores también vio el cambio en mí, me introdujo en la profesión del trabajo social y me animó a aplicar un programa de posgrado.

El alma mater de mi profesor era la Universidad de Pennsylvania. Entonces, me animó a postularme allí como mi primera opción para un programa de posgrado en trabajo social. Solicité y fui aceptada en la Escuela de Política y Práctica Social de la Universidad de Pennsylvania con una beca parcial. Este fue el comienzo de mi conexión con las iniciativas de justicia social.

Mi tiempo en la Universidad de Pennsylvania me enseñó

sobre mí misma y los problemas en el mundo que quería cambiar. Mi primer año en el programa de posgrado, me uní a clubes sociales que me ayudaron a conectarme y establecer contactos con otras estudiantes afrolatinas. Esto continuó ayudando a dar forma a mi identidad como persona de color, y destacó para mí muchos de los problemas que enfrentan los afrolatinos. Mi pasantía de primer año fue en la División de Justicia Juvenil y pude trabajar con muchos jóvenes encarcelados que eran de origen afroamericano y latinos.

GUERRERA DE LA JUSTICIA SOCIAL

En mi segundo y último año en la Universidad de Pennsylvania, finalmente encontré mi nicho. Inicialmente, pensé que seguiría una doble especialización en trabajo social y el programa Juris Doctor para trabajar con afroamericanos y latinos como defensora pública en el sistema judicial. Sin embargo, cuando comencé mi pasantía de segundo año en Children's Seashore House del Children's Hospital de Philadelphia, quedó claro que mi impacto sería en la atención médica.

Me presentaron muchos diagnósticos médicos y de salud mental diferentes y los tratamientos necesarios para curar o controlar estas enfermedades. Esto fue emocionante, y aprendí mucho. Sin embargo, también destacó para mí las disparidades de salud que existen entre los pacientes afroamericanos y latinos. Además, esta pasantía me introdujo en los determinantes sociales de la atención médica.

AGENTE DE CAMBIO SOCIAL APASIONADO

Con este nuevo conocimiento, decidí enfocar mi tesis de maestría en el impacto de la raza, la etnia, el género, la religión y la socio-economía en la atención médica en niños con enfermedades crónicas. Utilicé datos cuantitativos y cualitativos en mi investigación. Para realizar mi investigación, entrevisté a miembros del equipo interdisciplinario de atención médica para conocer sus pensamientos sobre la raza, el género, la religión y los antecedentes socioeconómicos, y cómo esto afectó la forma en que cuidaban a sus pacientes. Además, traje a diferentes oradores para dar charlas sobre el impacto de la raza, la religión y los antecedentes socioeconómicos en los pacientes antes de que llegaran al sistema de atención médica, y cómo estas experiencias dan forma a la forma en que responden a los miembros del equipo de atención médica y la medicina.

También realicé encuestas con pacientes / familiares. A lo largo de este proceso, aprendí mucho sobre mí misma y el impacto que podría tener en la justicia social. Como hablo español y francés con fluidez, pude conectarme con pacientes / familiares que tenían un dominio limitado del inglés, y pude escuchar la forma en que buscar atención médica en un idioma diferente al suyo los hacía sentir alienados, solos e indefensos para proteger a sus hijos.

A medida que me acercaba a graduarme, comencé mi búsqueda de trabajo y supe que quería trabajar en el cuidado de la salud y continuar ayudando a pacientes / familias de estos diversos orígenes. En Children's Hospital of Philadelphia, estuve entre muchos compañeros estudiantes de la Universidad de Pennsylvania que también eran pasantes.

Me ofrecieron un trabajo en un asilo de personas mayores al final de la entrevista. Con esta emocionante noticia, regresé para decirle al director de trabajo social que había recibido un trabajo en el hogar de ancianos después de mi entrevista, y estaba tan emocionada de tener un trabajo al graduarme. Había tomado mi examen de licencia la semana anterior y lo había aprobado. Entonces, pude comenzar a trabajar tan pronto como me otorgaron mi título. La directora de trabajo social me miró a los ojos y me dijo: "¡Ingrid, será un desperdicio para ti trabajar en un hogar de ancianos con ancianos! Tienes tanta energía, entusiasmo y un gran espíritu. Creo que debes seguir trabajando con los niños". Luego me ofrecieron el trabajo como Trabajadora Social de Parálisis Cerebral y Trabajadora Social de la Unidad de Traqueotomía y Ventilación en The Children's Seashore House del Hospital de Niños de Philadelphia y acepté el puesto. Así fue como comencé mi carrera en el cuidado de la salud como defensora de la justicia social.

EMPUJANDO LAS PUERTAS ABIERTAS

Mi director en el Hospital de Niños de Philadelphia me permitió dar presentaciones de competencia cultural a los nuevos empleados durante su período de orientación. Como resultado, pude destacar los problemas que muchos de estos trabajadores de la salud que pueden no haber sido conscientes de la interacción de raza, género, estatus socioeconómico, religión y etnia pueden desempeñar en el sistema de atención médica, y también pude resaltar los determinantes sociales de la atención médica.

También pude trabajar en el Manual de la Familia del hospital y asegurarme de que hubiera traducciones en español y francés. Como trabajadora social, trabajé con pacientes con dominio limitado del inglés y sus familias, y proporcioné interpretación en reuniones familiares / de equipo, y durante las discusiones de salud para asegurarme de que entendieran la información médica en su idioma principal. Siendo afrolatina, también pude ayudar a asegurar a los pacientes que sus preocupaciones y necesidades estaban siendo escuchadas y atendidas, y que no tenían que sentirse avergonzados para discutir sus preocupaciones conmigo.

Cuando regresé a Nueva York, comencé a trabajar en el Sistema de Salud Northwell en la División de Psiquiatría Infantil Adolescente. Me familiaricé con el impacto de la salud mental y el hecho de que era tan importante como abordar sus necesidades de salud física. Trabajando en un programa escolar en el sitio en Astoria, Nueva York, proporcioné terapia individual, grupal y familiar a estudiantes que eran principalmente de orígenes latinos, afroamericanos y afrocaribeños.

En mi posición actual, trabajo con pacientes pediátricos con cáncer y sus familias en Cohen Children's Medical Center en la división de hematología y oncología. Estoy asignada a pacientes y familias que hablan principalmente español y francés. Con el fin de proporcionar una mayor defensa, también trabajé en el Consejo Asesor Familiar con la administración del hospital y los padres y cuidadores para hacer que las políticas y prácticas del hospital estén más centradas en el paciente y la familia y sean culturalmente humildes.

LEGADO DE TRABAJO SOCIAL

Creo que mi legado en el trabajo social será que soy una defensora del cambio social sin disculpas. Lucho constantemente para garantizar que los pacientes de diversos orígenes tengan voz, que sus preocupaciones sean escuchadas por personas que puedan hacer un cambio y que sus necesidades puedan y serán abordadas. Creo apasionadamente que al resaltar la importancia de contratar personal de atención médica diverso para representar a la población de pacientes, podemos disminuir drásticamente las disparidades en la atención médica.

Cada latina necesita impulso para tener éxito. Nunca renuncies a tus sueños y tus pasiones. Lo que te impulsa es lo que te va a traer satisfacción. Una vez que haya encontrado su nicho, puede tener un impacto debido a ese espíritu de conducción. Creo que podemos amplificar a otras latinas abriendo las puertas a oportunidades siempre que puedas hacerlo para la próxima persona.

Además, dar orientación y tutoría a la próxima generación de trabajadoras sociales latinas es una herramienta valiosa. Cuéntales tus trampas, para que no las repitan. Proporcionales tus perlas de sabiduría. Otros profesionales del trabajo social necesitan este libro para que puedan continuar su trabajo de defensa. El trabajo social es una profesión increíblemente desafiante. Somos una profesión de ayuda. Sin embargo, también debemos ayudarnos a nosotros mismos a enfrentar los desafíos de nuestra población de clientes.

La mayoría de la gente admira el hecho de que no me doy por vencida cuando hay casos desafiantes a los que me enfrento, y que estos casos me envigorizan. Me convertí de esta manera porque tuve que luchar a través de la vida académica, profesional y personalmente, a través de muchas dificultades y adversidades.

El problema personal más difícil que he tenido que enfrentar ha sido hacer frente a la pérdida de mi hijo, Brad, en 2018 debido a una muerte cardíaca súbita. Esto fue y es lo peor que le puede pasar a cualquier padre. Para mí, era como si el aire y la vida hubieran sido succionados de mí. Un día mi hijo estaba vivo y bien, y a la mañana siguiente se había ido de un problema cardíaco que nadie vio venir. Mi mundo entero estaba al revés. Estaba de luto por la pérdida de mi primogénito y tenía miedo de cómo esto afectaría a mi hijo menor, Jordan. Mi fe me ha ayudado a medida que continúo sanando cada día. Por irónico que parezca, ayudar a otros necesitados me ha ayudado a continuar sanando.

REFLEXIONES

1. ¿Cuál es el mayor reto al que te has enfrentado en tu vida?

2. ¿Qué has encontrado que es un ancla cuando te enfrentas a estos desafíos (es decir, tu familia, tu pareja, tu fe, etc.?)

3. A medida que has superado obstáculos en tu vida, ¿eso te ha ayudado a sentirte mejor equipado para enfrentar otros desafíos?

Spanish Translation by Ingrid McFarlane, MSW, LCSW-R

SOBRE DE LA AUTORA

Ingrid recibió su maestría en trabajo social (Masters in Social Work o MSW) de la Escuela de Política y Práctica Social de la Universidad de Pensilvania. Ella es una trabajadora social clínica con licencia con el privilegio de psicoterapia "R" (LCSW-R) en el estado de Nueva York. Ingrid actualmente trabaja como trabajadora social de oncología pediátrica en el sistema de Northwell Health en el Cohen Children's Medical Center de Nueva York. Además, Ingrid tiene una práctica privada que trabaja con niños, adolescentes, individuos y parejas en Huntington, New York Su experiencia clínica se encuentra en una variedad de entornos, e incluye clínicas especializadas para pacientes hospitalizados y ambulatorios, intervención en crisis, alianza de salud mental escolar, psiquiatría infantil y adolescente, lesión cerebral traumática, neurorrea rehabilitación, medicina física y rehabilitación, hematología y oncología, cuidados intensivos neonatales y pediátricos, y medicina de emergencia y trauma. Abrazando su pasión por el trabajo en grupo, Ingrid también ha dirigido grupos de apoyo para padres para los cuidadores de niños con una variedad de diagnósticos oncológicos y grupos de adolescentes que se centran en el manejo de la ira y las habilidades de afrontamiento.

También ha proporcionado supervisión clínica y administrativa a pasantes y profesionales de trabajo social de pregrado y posgrado. A Ingrid le apasiona proporcionar servicios terapéuticos a individuos y grupos en crisis de una manera culturalmente humilde, centrándose en BIPOC (afroamericano, indígenas y personas de color) y las poblaciones inmigrantes. Ingrid es trilingüe y puede hablar, leer y escribir en inglés, español y francés con fluidez. Como resultado, a Ingrid le apasiona proporcionar terapia en el idioma principal del cliente para asegurarse de que abraza la identidad cultural completa de sus clientes a medida que utiliza un enfoque holístico, basado en la fuerza y centrado en la persona para guiar su práctica. Utiliza una variedad de técnicas y habilidades extraídas de modelos terapéuticos reconocidos, incluida la terapia cognitiva conductual, la solución enfocada, la psicoeducación, la terapia de juego, la entrevista motivacional y la terapia de sistemas familiares, Entrevistas motivacionales y terapia de sistemas familiares. Ingrid recibió el Premio de Enfoque al Paciente / Cliente de The Cohen Children's Medical Center en febrero de 2020. Erica Sandoval, MSW, LCSW, presidenta del capítulo NASW-NYC e Ingrid lanzarán "E & I Consulting" en 2022.

Ingrid McFarlane, MSW, LCSW-R
ingridmcfarlanelcswr@gmail.com
516-986-7560

Madrina

MÁS QUE SUFICIENTE

DR. LINDA LAUSELL BRYANT, MSW, PH.D.

"Honrando de quién vengo mientras confrontando formas de pensamiento que necesitan cambio."

CREYENDO EN LO INVISIBLE

"¡¿Ay, ahí está?!" proclamó mi abuela, con un pequeño temblor que demostró lo sorprendida que estaba. "¿Quién? ¿Dónde?" pregunté. Yo tenía seis años y no tenía la capacidad de entender que mi abuela veía cosas que yo no podía ver. Ella me contestó "es el doctor." Se refería a un ser imaginario que ella vio en la persona de un doctor con chaleco blanco y cargando un maletín como los que cargan los doctores. Dije yo, "pero yo no lo veo" y traté de entender cómo era posible que ella lo pudiera ver. Abuela me dijo que este doctor me acompañaba frecuentemente, guiándome. Aunque no lo podía ver, me sentía bien al saber que, de acuerdo con mi abuela, el doctor invisible era un guía bueno que me velaba y me cuidaba.

El trabajo social se dedica a entender a las personas dentro de sus entornos. Cuando pienso en los entornos que me han formado, no me sorprende que el trabajo social haya sido la carrera que escogí y que sea una parte tan importante de mi misma. El trabajo social es parte de mi identidad personal y profesional.

Los valores del trabajo social viven muy dentro de mi propósito en este mundo--lograr la justicia social, el respeto para el valor y la dignidad de cada persona, la importancia de las relaciones humanas y la práctica de nuestra profesión con integridad y capacidad. Durante los treinta y cinco años de mi carrera, he intentado ver a los demás con ojos naturales y sobrenaturales para capturar sus destrezas, dones y talentos al igual que sus penas y dolores. Quiero ser un espejo para reflejar sus mejores cualidades, escuchando lo que está dicho y lo que no está dicho y así demostrarles que "te veo" y "te escucho."

Cada uno de nosotros puede brindar el regalo más básico de escuchar y de ver a los invisibles de nuestro mundo- los inmigrantes, refugiados, adolescentes de color y todos los demás que han recibido un mensaje de rechazo. Podemos ver y escuchar a los que son tratados como que no cuentan, sea en el trabajo, o en la calle, o por medio de las leyes que les niegan acceso a los bienes que necesitan para sobrevivir. Podemos usar cualquier posición o privilegio que tengamos para insistir que todos deberíamos de ser escuchados y todos merecemos ser vistos, pues todos tenemos valor y dignidad.

SIEMPRE CONMIGO

Antes de comenzar mis estudios universitarios, ya se había formado mi identidad de trabajadora social. Me acuerdo de mi abuela cuando pienso en los orígenes de esta identidad. Mis abuelos vinieron de Puerto Rico siendo aún adolescentes. Llegaron con menos de un peso en sus bolsillos, pero cargaban millones de sueños. Mi abuela, Candita Valentín, solo había conocido pobreza y sufrimiento. Llegó a la ciudad de Nueva York en los últimos años de la década de 1920. Sufrió la discriminación tan fea y común dirigida a los inmigrantes, especialmente aquellos de color llegando de Puerto Rico. Aún así, se pensaba una mujer respetable, virtuosa, y trabajadora con dignidad. En su inocencia, pensaba que la gente la apreciaría por esas cualidades.

Trabajó como costurera, limpiaba casas y más adelante, trabajó en una fábrica. Conoció a mi abuelo, Gilberto Rosado y se casaron, criando a siete hijos. Mi mamá era la cuarta hija en su familia. Mis abuelos eran disciplinarios muy estrictos y mi abuela se preocupaba de proteger a sus tres hijas, para que salieran bien casadas en el futuro. Para sus cuatro varones, oraba para que fueran hombres buenos, esposos responsables y buenos padres de familia. Mi abuelo quería que fueran machos fuertes y trabajadores.

Las hembras eran devotas a su madre y no se atrevieron a decepcionarla. Todas se graduaron de la escuela preparatoria y salieron bien casadas con bodas en la iglesia. Para mi abuela, esto era evidencia importante del respeto y el éxito y estaba muy consciente del 'qué dirán' y la manera en que se hablaba de los inmigrantes puertorriqueños, y se les identificaba como gente vaga, con muchos hijos. Mis abuelos querían establecer que ellos eran personas respetables, con dignidad y que estaban criando a sus hijos con buenos valores.

Como niña, veía a mi abuela cuidar de la gente de su comunidad. Era como si ella fuera trabajadora social. Doña Candita, como la llamaban, era conocida y respetada por su comunidad. Era como si tuviera su maestría en trabajo social, reconocida por la comunidad, aunque no había asistido a la Universidad. Mi abuela era ministra, sabia y guerrera. La gente la buscaba por ser tan cariñosa, fuerte y sabia. Daba buenos consejos y si tenía que sacar su carterita de su sujetador y brindar unos pesitos al que lo necesitaba, lo hacía. Siempre compartía con los demás, ya sea un plato de comida, una oración o una bendición. Hasta acompañaba a la gente a citas importantes para darles apoyo. Ella no podía interceder formalmente, pero brindaba su fuerza emocional, estando presente, orando e inspirando la fe. Mi abuela inspiraba confianza en las personas. Les decía, "Tú vas a tener éxito" "Ten fe." "Todo va a salir bien." Ella era modelo de perseverancia y de cómo triunfar sobre la adversidad. Ella decía "Hay que cargar la cruz, como hizo el santísimo Jesús".

Candita Rosado, mi abuela, no padecía de bajo autoestima. Sentía orgullo de ser Latina, aunque entendía muy bien que los puertorriqueños eran percibidos de manera negativa. Aún así, la actitud de mi abuela era que nosotros sabíamos quienes éramos. Su fe era muy importante en su vida. Se enfocaba en la opinión de un Ser más alto que los lengüilargas y así mantenía una perspectiva que la ayudaba a sobrellevar.

Mi madre, Josephine Rosado, era una mujer fuerte y determinada. Ella se molestaba de las cosas que decían de los puertorriqueños. Se le hacía muy difícil ignorar a los comentarios. Ella estaba determinada a establecer que ella era igual, o mejor que los que criticaban a los Latinos. Siempre se esforzaba por lograr y alcanzar niveles más altos de lo que sus padres pudieron lograr y a la misma vez, aspiraba a hacerlos sentir orgullosos, elevando a la familia entera. Ella aspiraba a hacer una vida que no se podía criticar. Ella misma se presionaba para alcanzar el éxito en comparación con lo que se consideraba evidencia de éxito en los 1950s. Se graduó de la preparatoria, y consiguió un buen trabajo en un bufete de seguros. No tuvo novio hasta después de graduarse, de acuerdo con las reglas de sus padres. Con su sueldo, ayudó a sus padres y a la edad de 24 años, se casó con Damián Caso Lausell, con la aprobación de sus padres.

Mi mami era una madre devota y me inscribió en Head Start, un programa escolar nuevo. Consiguió trabajo en mi escuela primaria como maestra. Yo la observé animar a los estudiantes de nuestra comunidad a estudiar y representar a nuestra cultura con orgullo. Ella me empujaba de la misma manera y sentía mucho orgullo de mis logros académicos. La furia que ella sintió sobre el prejuicio y discriminación contra los Latinos se convirtió en abogacía apasionada para Latinos. Ayudaba a su familia y conocidos a navegar los sistemas de gobierno, haciendo llamadas, escribiendo o traduciendo cartas. La familia y los conocidos sabían que, si había un problema, había que llamar a Josie. En 1980, consiguió trabajo asistiendo a un bufete de abogados, y en ese trabajo, siempre practicaba abogacía para lograr el trato justo para los clientes Latinos.

Mi historia estaría incompleta sin reconocer el papel que jugó mi padre, Damián Caso Lausell. El se crió en Puerto Rico con un nivel de pobreza que no le garantizo ni un plato de comida diaria. Solo logró completar el octavo grado ya que tenía que encontrar trabajo para sobrevivir. Mi padre era autodidacta, leyendo todo lo que conseguía y desarrollando sus propias filosofías sobre cada tema. Predicaba que todos deberíamos de investigar, analizar y validar todo. Me doy cuenta de que él me inspiró la curiosidad y el amor al aprendizaje. Mi padre estaba muy orgulloso de ser puertorriqueño. Cuando se retiró de su trabajo de marino mercante, decidió mudar a toda la familia a Puerto Rico a vivir. Damián Caso Lausell solo logró una educación de octavo grado, pero prácticamente tenía un doctorado de la vida.

DEJA DE AUDICIONAR: ¡YA TIENES EL PAPEL!

Me encantaba la escuela y el aprendizaje, pero había internalizado la presión de no reprochar nada y de ser perfecta en toda manera posible. Me doy cuenta de que el orgullo que tuvo mi abuela en nuestra cultura era irrompible, fuerte. A pesar de la discriminación que sufrió, no permitió que eso le penetrara la mente, que esos sentimientos se interiorizaran. Aun así, el estrés de vivir bajo tanta discriminación le afectó la salud y padecía del corazón. Mi mamá, por dentro, era rebelde, pero por fuera, era más complaciente y obediente. Se enfurecía al saber que tanta gente percibía a los puertorriqueños como un grupo inferior.

Por lo tanto, ella sentía la presión de ser irreprochable y vivía su vida de manera que no podrían hablar mal de ella. Estas dos mujeres increíbles influenciaron mi vida de gran manera junto a mi papá. En un nivel positivo, me inspiraron a lograr y hacer lo mejor que pude, pero aún así, una consecuencia negativa era el sentir que nunca podría relajarme. Tenía la idea de que siempre tendría que hacer más y más y más para probar mi valor. Esto se expresó en una variedad de logros a través de mi vida. Fui la valedictorian cuando me gradué de escuela superior en Puerto Rico, a la edad de 16 años después de saltar dos grados. A la edad de 20, fui la primera en mi familia en graduarme con un bachillerato. Tuve mi primer puesto como trabajadora social a los 22 años en la agencia de Children's Aid Society. A la edad de 26, me gradué con la maestría en trabajo social.

Mi carrera se desarrolló y durante mis veintes, trabajé como directora del programa para Children's Aid Society. Durante mis treintas, fui directora de una división para Victim Services y subdirectora ejecutiva para Partnership for Afterschool Education. En mis cuarentas, trabajé como comisionada adjunta para Administration for Children's Services de la Ciudad de Nueva York y después directora ejecutiva de Inwood House.

Las entrevistas acerca de mi trabajo se han presentado y publicado en televisión, periódicos y revistas. Me gradué con mi doctorado (PhD) en trabajo social en el 2012. En el 2015, empecé a trabajar como profesora en la escuela de trabajo social de NYU y recién, me asignaron al puesto de directora del programa de Doctorado en Trabajo Social. He coescrito dos libros y varios artículos y el Latino Social Work Coalition and Scholarship Fund me ha reconocido con un premio por la trayectoria de mi carrera. He recaudado cientos de miles de dólares para establecer un instituto de liderazgo adaptativo para los estudiantes de NYU y....estoy agotada.

He recibido todos los reconocimientos profesionales y académicos. Pero cada oportunidad ha estado acompañada de la presión de pasar por una audición. Aún cuando se me ofreció el "papel" y lo había aceptado, en mi mente, la audición continuaba. Cada victoria, cada éxito vino con un precio que pagar con mi salud y mi paz mental.

Siento que nunca es suficiente, y que no importa lo que logró. Nunca termina el trabajo de establecerme, de probar mi valor. No puedo descansar ni relajarme. Siento que cuidar de mí misma es un lujo que le pertenece a otros, pero no a mí. Para mí, sería una indulgencia o peor aún, vagancia. A pesar de tener una carrera en trabajo social muy exitosa, y muy gratificante, me acompaña el agotamiento.

Hoy, puedo reflexionar en mi carrera de 35 años como trabajadora social con orgullo y también puedo apreciar que aún tengo mucho que aprender. Me doy cuenta de que he estado bajo un modo de pensar que me oprime. Necesito aprender cómo trabajar para poder vivir y no vivir para trabajar. Quiero vivir las palabras de Audre Lorde que dice: "Cuidarme a mí misma no es auto indulgencia, es auto preservación, y eso es un acto de guerra política".

LUCHANDO CONTRA EL OPRESOR INTERNO

"Guerra política" es una expresión de mucho peso emocional y es una necesidad para aquellos que están en la lucha perpetua por la equidad, justicia y el reconocimiento de nuestra humanidad. Esa lucha sigue, a pesar de la enorme evidencia de nuestra humanidad y capacidad que hemos creado. Para mí, esta lucha está en mis entrañas y es fundamental a mi propósito en esta vida y mi razón de ser.

En mi lucha contra estas fuerzas que oprimen, el obstáculo más grande es cuidar de mi misma y tengo retos de salud que sirven como trofeos tristes a este reto. Necesito aceptar que la opinión de otro no es lo que me da valor, pues ya soy más que suficiente. Nuestros antepasados hicieron lo que tenían que hacer para sobrevivir y para que nosotros tuviéramos las oportunidades que ahora tenemos. Ahora, mi deber es compartir mis luchas y apreciar la fuerza que ellos demostraron y la sabiduría que lograron con sus experiencias. También, tengo que reconocer la sabiduría que he adquirido en el curso de mis experiencias. Necesito mantenerme conectada con mi comunidad, reconociendo que soy suficiente, tal como soy. No tengo que probarle eso a nadie. Cuidarnos con amor es un principio fundamental de la justicia social. No podemos luchar contra los que nos oprimen si nosotros mismos nos estamos oprimiendo.

Entender estas ideas intelectualmente no es lo mismo que practicarlas. Este es otro nivel de lucha. Esta es mi lucha personal y mi reto y no soy la única en esta lucha. Pues nuestra querida profesión de trabajo social es cómplice, y también lleva responsabilidad. Nuestra profesión ha adelantado a base de una filosofía de auto sacrificio, dedicación y devoción y requiere que hagamos este trabajo difícil y transformativo con el poder de nuestra voluntad y nuestra bondad sin los recursos necesarios para hacerlo y sin la compensación adecuada. Además, en esta profesión que se constituye mayormente de mujeres, glorificamos estos niveles de auto sacrificio y eso es inaceptable. Eso es plenamente explotación. Esto tiene que cambiar y lo vamos a cambiar.

REFLEXIONES

En este punto en mi vida y mi carrera, quiero enfocarme en el trabajo de combatir la opresión basada en raza y color que ha perjudicado a generaciones de individuos. Espero que mi legado incluya la tradición de levantando para elevar a otros. Mis logros individuales son necesarios, pero no son suficientes. Yo no quiero ser solo una excepción. Quiero trabajar para que el éxito sea la norma para nuestra gente Latina y de color. Por eso me dedico a apoyar a las próximas generaciones. Espero que mi legado sea que "sí se puede, pero nunca a solas, siempre con apoyo."

Mi hija bella y brillante, Jasmine, se está preparando para entrar a la profesión de trabajo social. Espero que ella y todas las generaciones futuras de trabajadores sociales luchen para cambiar la cultura que normaliza al auto sacrificio en vez de proveer los recursos necesarios para hacer un trabajo de tanta consecuencia. Utilizaré cada plataforma que tengo para elevar a mi gente Latina y de color con una orientación de "nosotros."

"Nosotros" para mí es la esencia de lo que significa ser "Latinx in social work."

1. ¿Cómo se manifiestan tus opresores internos en tu vida profesional?
2. ¿Tienes o has tenido "trofeos tristes" en tu trayectoria profesional?
3. ¿Cómo sigues en el proceso de olvidar la audición y ser dueña/o del papel que tienes?

Spanish Translation by Linda Lausell Bryant, MSW, PH.D.

SOBRE LA AUTORA

Linda Lausell Bryant es profesora clínica asociada, directora del doctorado en trabajo social y ejecutiva en residencia en la escuela de trabajo se dedica a desarrollar las capacidades de liderazgo de trabajadores sociales para que puedan tener impacto sobre los problemas más serios de nuestra época.

La carrera de la Dra. Lausell Bryant lleva 35 años en los sectores privados y públicos proveyendo servicios para jóvenes y familias. Estableció un Instituto para el Liderazgo Adaptativo en Servicios Humanos en NYU. Fue directora ejecutiva de Inwood House de 2005-2014 y comisionada adjunta en Administration for Children's Services. Es presidenta de la junta del National Crittenton Foundation. En el 2021, el Latino Social Work Coalition la reconoció con un premio por la trayectoria de su carrera y también NYU la reconoció con un premio por su trabajo con los estudiantes. Es coautora de dos libros, "*A Guide for Sustaining Conversations on Racism, Identity and Our Mutual Humanity*" y "*Social Work: A Call to Action*".

Linda Lausell Bryant
drlindarenews@gmail.com
Linkedin: Dr. Linda Lausell Bryant

TANIA VARGAS, LCSW

Saber quién eres es un proceso de aprendizaje de por vida. ¿Qué quiero ser cuando sea mayor? ¿Cómo me veré? ¿Dónde viviré? Todas estas preguntas y muchas más siempre pasaron por mi cabeza durante la mayor parte de mi infancia y adolescencia. Mi ciudad natal se sentía demasiado pequeña y demasiado racista, así que quería estar en casi cualquier otro lugar.

Quería ser tantas cosas diferentes cuando creciera; las dos carreras más consistentes fueron la de ser abogada o la de ser fotógrafa. Siempre he sido artística y he disfrutado mucho de la fotografía. Tenía una cámara desde que estaba en la escuela secundaria y era la niña que siempre tomaba fotos. Esto me dio un sentido de pertenecer y un propósito porque la gente quería que estuviera cerca para capturar esos momentos. Me necesitaban, y eso era una gran sensación.

CASI SIEMPRE COMIENZA DURANTE LA NIÑEZ

Al crecer, muchos de los casos de burlas y acoso se debieron a mi peso. Para mí, esto casi hizo a un lado mi identidad de ser una mexicano-estadounidense de primera generación. No me sentía diferente porque era mexicana; Me sentí diferente porque estaba gorda. Casi siempre estaba rodeada de gente blanca, y olvidaba que yo no era igual y de que mi familia tenía una vida completamente diferente a la de mis compañeros. En muchas situaciones en las que yo era la única persona de color, alguien decía o hacía algo que me devolvía a la realidad de que nunca podría ser 100% como el resto del grupo. Me sentía confundida y el sentimiento a veces era casi degradante, y nunca supe cómo responder adecuadamente a esas situaciones.

A medida que fui creciendo, mientras todavía estaba gorda, mi raza se hizo más prominente en mi vida. Todo el tiempo me recordaban que no era como todos los demás y que no pertenecía del todo. Esto estaba sucediendo en mi escuela, en tiendas al azar y también en mi iglesia. Fue difícil navegar por mi identidad y sentí que constantemente tenía que demostrar mi valor. Era agotador.

EL PUNTO DE INFLEXIÓN

Mi tercer año en la escuela secundaria toqué fondo. Había estado en una relación emocionalmente abusiva ese verano y terminé siendo agredida y casi estrangulada por alguien a quien realmente amaba en ese momento. Esa noche también había puesto a mi familia en peligro, y eso causó una gran brecha entre todos nosotros. Fue una noche que cambió el rumbo de mi vida.

Me pusieron en terapia con la esperanza de hacerme "mejor". No pensé que eso me ayudaría, pero también sabía que no tenía otra opción en el asunto. Me tomó unos años darme cuenta de verdad, pero esta terapeuta cambió mi vida. Ella me ayudó a guiarme en la reparación de mi relación con mis padres y hermanos y me animó a tomar las riendas de mi vida y descubrir qué quería hacer con ella.

Ir a terapia me sirvió de guía cuando comencé mi último año de secundaria. Todavía amaba la fotografía y pensé que la escuela de arte sería el camino a seguir. ¡Me aceptaron en una pequeña escuela de arte y también obtuve una pequeña beca!

Recuerdo la noche en que le conté a mi papá sobre la beca. Me miró con una cara tan seria y dijo que este dinero era básicamente inútil y que no debería ir. Ese comentario me destrozó. Mi padre me dijo esa noche que tenía que elegir un campo en el que pudiera ganar dinero y que podía dedicarme a la fotografía como pasatiempo. El campo de la medicina parecía el camino inteligente a seguir. Esto también jugó parte para mostrar a todos los demás mi valor, y que podía estar en un campo respetable, ganarme la vida económicamente y que sería una necesidad en mi comunidad.

ENVEJECER, TRATAR DE SER MÁS SABIO

Me habían aceptado en un programa de cuidados respiratorios de dos años y estaba encantada con el conocimiento de que terminaría la escuela y podría comenzar a trabajar antes que mis compañeros. Tenía dieciocho años en mi primer día de universidad. Cuando me senté, rápidamente noté que todos eran significativamente mayores que yo.

Algunas mujeres, que terminaron siendo de la India, se sentaron cerca de mí y comenzaron a charlar conmigo. Se sorprendieron al ver a alguien tan joven en el programa y me preguntaron por qué quería ser terapeuta respiratorio. Entonces empezaron "esas" preguntas: ¿De dónde eres? ¿De dónde es tu familia? ¿Oh, eres mexicana? Pero tienes tantas características indias. Sabía que tenían buenas intenciones, pero en ese momento, quedó claro que me hablaron porque pensaron que podían identificarse conmigo. Después de ese día, no me hablaron socialmente durante el resto del semestre.

En última instancia, este programa no era para mí y me despidieron después de mi primer semestre. Recomiendo no unirse a un programa médico si nunca ha tomado una clase de anatomía humana. También había muchas más matemáticas de las que me había dado cuenta, lo que nunca fue una gran habilidad para mí.

Me tomó un tiempo decirles a mis padres que me dieron de baja del programa. Esto debido a que tenía vergüenza pero, también, quería un plan. Sentí que habría sido más fácil para mis padres escuchar que me dieron de baja del programa si ya sabía lo que iba a hacer a continuación. La verdad era que no tenía idea de lo que quería hacer. Tomé mis clases de educación general y comencé a buscar otras especialidades. Necesitaba encontrar una carrera de la que pudiera enamorarme.

EL PUNTO DEL AUTODESCUBRIMIENTO

En este punto, había perdido el contacto con una buena

parte de mis "mejores amigos" en la escuela secundaria y mi novio de la escuela secundaria había terminado nuestra relación. Me sentí tan sola y no estaba segura de cómo hacer nuevos amigos en la universidad. Había ido a la misma iglesia la mayor parte de mi vida, y ellos patrocinaban un ministerio universitario en la universidad cercana, así que pensé que esa era mi mejor apuesta para hacer nuevos amigos. Yo tenía razón.

Terminé conociendo a mi mejor amigo en el primer evento al que asistí. Él era súper genial y claramente el alma de la fiesta. Fui muy amable y rápidamente me hice amiga de todos los que lo rodeaban. Intercambiamos números y empezamos a salir mucho más. Él era un estudiante de trabajo social y comenzó a hablarme más sobre el programa. También comencé a hablar con otras personas que también se estaban especializando en trabajo social.

Al crecer, todo lo que realmente sabía sobre el trabajo social era que eran trabajadores de protección infantil y se llevaban a los niños maltratados. Cuanto más aprendí sobre el programa, más me enamoré de él. El trabajo social era mucho más que ser parte de los servicios de protección infantil. Los trabajadores sociales podrían estar en casi todas partes porque la necesidad de ayudar a las personas siempre estuvo presente. Comencé a tomar clases para asegurarme de poder unirme inmediatamente al programa cuando me graduara con mi título de asociado. Este era mi único plan, la única escuela a la que apliqué. Estaba tan nervioso esperando la decisión de la solicitud. ¿Cometí un gran error al solicitar solo una escuela? ¿Qué pasaría si no entro? ¿Qué más podía hacer?

¡Pero entré! Lloré durante varios minutos leyendo ese correo electrónico de aceptación. El primer día de mis clases se sintió muy diferente a cualquiera de mis otros cursos universitarios. Todos los alumnos tenían una presencia tan acogedora y, aunque estaba nerviosa, no me sentía fuera de lugar. Me sentí bien al encontrar un lugar donde casi automáticamente sentí que necesitaba estar allí. Todo esto afirmó que esto era algo que podía hacer por el resto de mi vida.

Todas mis clases giraban en torno a la defensa, a escuchar activamente y no quitarles el poder a aquellos a quienes se supone que debemos servir. Todos estos puntos se fortalecieron cuando hablamos de nosotros mismos, hablamos de cualquier tipo de trauma por el que habíamos pasado, cómo nuestras identidades nos moldearon y cómo moldearnos más a nosotros mismos. Muchas de mis clases me dieron el espacio para hablar sobre mi vida y mis experiencias de una manera auténtica y genuina. No sentí que tuviera que montar un espectáculo o tener que inventar excusas por algunas de las cosas que me habían pasado. Podía compartir lo que quería, y cuando lloré, fui recibido con compasión y empatía.

REDEFINIENDO QUIEN SOY

Además de aprender más sobre mí y los problemas que necesitaba resolver, comprendí mejor a mi familia, específicamente a mis padres. Aprendí más sobre sus vidas y su educación y cómo dictaba cómo querían criarnos a mis hermanos y a mí. Escuché sobre sus experiencias al mudarse a un país donde no conocían el idioma y sobre cómo fueron a lugares donde rápidamente se dieron cuenta de que no eran bienvenidos. Siempre había amado y respetado a mis padres, pero a medida que escuché más sobre sus vidas, me sentí muy orgullosa. Vi cuán resistentes eran y cómo eso hizo que yo también lo fuera. Tuve muchos puntos bajos en mi vida, pero pude superarlos. Estaba orgullosa de la persona en la que me estaba convirtiendo: una mujer hispana fuerte.

A pesar de la forma en que comenzó mi carrera universitaria, terminé graduándome un semestre antes e inmediatamente me uní a la fuerza laboral en un hospital psiquiátrico. Muchas de mis clases de pregrado giraban en torno a la salud mental y el abuso de sustancias, así que tuve la suerte de conseguir un trabajo en el campo que quería. Sabía que cuando comencé el programa de trabajo social, quería ser una Trabajador Social con Licenciatura Clínica. Quería alcanzar el nivel más alto de acreditación para demostrarme a mí misma y a todos los demás que podía hacerlo. Comencé a postularme a programas de maestría acreditados y comencé a ver cómo quería dar forma a la siguiente parte de mi educación.

Me aceptaron en los dos programas de maestría a los que postulé. Fue una decisión difícil, pero finalmente elegí la Universidad de Nueva York. Sentí que no tenía un verdadero espíritu escolar en el colegio comunitario o en mi universidad, y quería cambiar eso para mi programa de maestría. Me prometí a mí misma que estaría involucrada en mi escuela tanto como fuera posible. Durante mis dos años allí, me uní al gobierno estudiantil, realicé una pasantía de verano remunerada y me gradué con personas que creo que serán mis amigos para toda la vida. Me sentí tan feliz y aprendí mucho, todo mientras me mudaba de la casa de mis padres para vivir sola por primera vez.

Comencé mi carrera oficial trabajando en hogares de acogida. No era el campo en el que planeaba estar, ya que todas mis clases estaban relacionadas con la salud mental, pero no quería irme de la ciudad de Nueva York. Pensé que sería un lugar donde me quedaría unos meses hasta conseguir un trabajo "mejor". En unas pocas semanas, me enamoré absolutamente de mi agencia. Estaba aprendiendo tantas cosas diferentes, me sentía increíblemente apoyada y como si estuviera haciendo un trabajo significativo. Me sentí afortunada de haber conseguido un trabajo que esperaba con ansias todos los días y de tener un supervisor que estaba realmente feliz de ayudarme a obtener mi licencia clínica.

MÁS SABIA, PERO AÚN APRENDIENDO

Después de obtener mi licencia clínica, me convertí en supervisora de tiempo completo y aprendí aún más sobre mí y cómo me ven los demás. En ese momento, llegó la pandemia de COVID-19 y sentí la necesidad de hacer más con mi licencia de trabajo social. Abrí mi propia práctica privada y trato de asegurarme de ser accesible para cualquier persona interesada en mejorar su salud mental. También decidí cambiar de campo y dejar el cuidado de crianza para ser parte de un equipo de tratamiento móvil intensivo. Estaba feliz de volver a trabajar directamente en el campo de la salud mental.

Cuando comencé mi trabajo después de la escuela de posgrado, e incluso ahora, veo cómo las políticas tienen raíces raciales. Ciertos sistemas están en contra de las personas de color y los sistemas, inherentemente, mantienen a la gente deprimida. Me he vuelto más audaz al afirmar quién soy y qué representó. He encontrado más amigos y un esposo que también ven estas injusticias y quieren hacer algo al respecto. Me he unido a diferentes organizaciones con la esperanza de crear un cambio significativo y sistémico.

Soy la primera persona por parte de mi madre en ir a la universidad y obtener una maestría. Comencé mi propia práctica privada y, a veces, me pagan por hacer fotografía. El cielo no es el límite de lo que puedo hacer, y estoy muy emocionada de ver lo que el futuro me depara. Mi yo más joven nunca imaginó que esta sería mi vida. Soy una mujer hispana y estoy muy orgullosa.

REFLEXIONES

¿Por qué el trabajo social es tan importante hoy en día?

El trabajo social siempre será importante mientras haya comunidades e individuos oprimidos, marginados y vulnerables. Los trabajadores sociales juegan un papel vital en dar voz a aquellos cuyas voces no se escuchan o no se comprenden adecuadamente. Siento que nuestra profesión es única en el sentido de que no tenemos que comprender completamente las dificultades de una persona para defenderlas.

Pregúntate, ¿qué es lo que te da un propósito? ¿Y cómo ha influido tu identidad en tu propósito? Tu propósito también puede cambiar con el tiempo, así que no te resistas al cambio, ¡aprovéchalo!

Además, ¡no le tengas miedo a las redes sociales! Busca personas que tengan una mentalidad similar a la tuya. Únete a una red / comité para cualquiera que sea su profesión. El Capítulo de la Asociación Nacional de Trabajadores Sociales de la Ciudad de Nueva York fue una parte integral del crecimiento de mi red y de obtener más conocimientos sobre mí misma como licenciada clínica. El Fondo de Becas y Coalición de Trabajo Social Latino también me ha brindado muchas oportunidades y recursos diferentes durante y después de la escuela de posgrado.

Spanish Translation by Tania Vargas, LCSW

SOBRE LA AUTORA

Tania Vargas, LCSW tiene su sede en la ciudad de Nueva York pero fue criada en Florida. Tania se mudó de su ciudad natal de Tallahassee, Florida, para realizar su maestría en trabajo social en la Universidad de Nueva York. Tania es una LCSW en los estados de Nueva York y Nueva Jersey. Ha trabajado en el sistema de bienestar infantil de la ciudad de Nueva York y le apasiona acabar con el estigma de tener un diagnóstico de salud mental.

Tania comenzó recientemente su propia práctica privada, Just A Little Step, LLC, en enero de 2021. Ve a individuos, parejas y familias a través de servicios de telesalud. Además de tener su propia práctica privada y ser supervisora, Tania es fotógrafa y consultora. Tania ha sido certificada en cuatro planes de estudio diferentes relacionados con el cuidado de crianza y los jóvenes LGBTQ en el sistema de cuidado de crianza de la ciudad de Nueva York. ¡Gracias a la tecnología en constante crecimiento, puedes comunicarse con Tania de múltiples maneras! A Tania siempre le emociona hablar con gente nueva.

Tania Vargas
tania@justalittlestep.com
Instagram: taniavphotos
347-377-2380

DR. JASMIN COLLAZO, DSW, LCSW

Para el mundo exterior, la ciudad en la que nací y crecí se conocía como una de las "25 Ciudades Más Peligrosas de los Estados Unidos". Para mí, no solo era mi hogar, sino también mi hábitat, un lugar natural para lograr y crecer. Sí, vi el crimen, pero Newark, Nueva Jersey fue donde se conocieron mis padres, donde gané una familia extensa a través de mi iglesia, donde todo lo que necesitaba se podía encontrar en el centro de la ciudad, y donde se inició mi carrera de trabajo social.

Vivía en la sección Norte de Newark, donde los bloques del vecindario estaban predominantemente llenos de Latinos. Esto significaba veranos cuando el vendedor de piraguas tocaba el timbre al pasar por nuestro vecindario, donde se realizaba nuestro desfile puertorriqueño cada septiembre, y las *empanadas* en la bodega eran el mejor bocadillo después de la escuela.

Fuera de los viajes rutinarios a Puerto Rico para visitar a miembros de la familia extendida, nunca viajé fuera del área tri-estatal antes de cumplir los dieciochos años. Mis padres trabajaban duro y mucho, y si tenía mi comunidad de amigos en la iglesia y en mi vecindario, estaba bastante satisfecha. Siempre estuve rodeada de Latinos y Afroamericanos, lo cual significaba que lo único que tenía que hacer para reafirmar mi identidad Latina era decir "Soy Puertorriqueña". No tuve que explicar más mi cultura o herencia. Nunca me sentí como una extranjera o un "otro", y nunca me hicieron sentir como si fuera menos que mis compañeros.

ESCUELA DE LICENCIATURA

Unos días después de cumplir dieciocho años, fui a la orientación para estudiantes de primer año en la Universidad de Seton Hall en South Orange, Nueva Jersey. Aunque la ciudad de South Orange limita con la ciudad de Newark, sabía que había entrado en un mundo diferente. De una cuadra a otra, las farolas y la jungla de cemento de Newark se convirtieron en barrios residenciales con casas altas y césped recién cuidado.

Rápidamente noté las disparidades entre una comunidad de color y una comunidad predominantemente blanco-americana. Durante los próximos cuatro años, sería parte de una institución universitaria predominantemente blanca americana ubicada en una ciudad que era predominantemente blanca americana. Ahora que estaba aquí, me sobrevino un sentimiento extraño de que no iba a pertenecer. Esto contrastaba con el orgullo que sentía por ser la primera en mi familia en ir a la universidad y obtener becas que me permitieran estudiar en una universidad privada.

Este pensamiento que no iba pertenecer se volvió omnipresente a lo largo de mi primer año y se prolongó durante toda mi carrera universitaria, a pesar de que encontré más interacciones que destacaron las disparidades entre las personas de color y los blancos americanos.

Recuerdo haber entrado en mi clase de inglés junto a mis compañeros blancos americanos hablando de libros clásicos leídos en la escuela secundaria de los que nunca había oído. Estos libros clásicos se destacan como obras literarias notables que reflejaban las historias de blancos americanos y, a menudo, fueron escritos por autores blancos. Esto fomenta el daño que se puede hacer a los estudiantes de color en instituciones predominantemente blancas americanas en aumentar los sentimientos que devalúan nuestra autoestima. El mensaje que se nos transmite es que nuestras historias no se consideran lo suficientemente importantes como para enseñarlas en las universidades y transmitirlas a las generaciones futuras.

También comencé a escuchar comentarios racistas y estereotipados, uno de los cuales era común: "Si eres blanco, no vayas a la derecha". Rápidamente me di cuenta de que era la ciudad de Newark la que estaba a la derecha de la escuela. Esta *agresión macro* se sintió para mí como un golpe directo. Estaban hablando de mi hogar, mi comunidad y una parte de mi identidad. En cuánto lo más pasaba mis días en la escuela estudiando y trabajando, lejos de mi comunidad, más me sentía menos que mis compañeros y más "ajenos".

No me di cuenta en esa época, pero mientras reflexiono y escribo este capítulo, entiendo lo importante que es la comunidad para los Latinos, especialmente para los estudiantes universitarios Latinos de primera generación. A medida que un estudiante universitario hace la transición de su comunidad de origen, comenzamos a buscar esa comunidad dentro del ambiente universitario. Por lo general, los estudiantes universitarios encuentran esto a través de organizaciones estudiantiles, fraternidades y hermandades de mujeres. Esto debería concienciar a las universidades, sus departamentos de asuntos estudiantiles y los gobiernos estudiantiles, sobre la importancia de establecer grupos de afinidad para los estudiantes de color, y también la importancia de *mantenerlos*. Los estudiantes universitarios de primera generación, especialmente los de color, tienen más dificultades para adaptarse a la universidad, y es la responsabilidad de las universidades a dedicar más tiempo a priorizar estos grupos de afinidad que ayudarán a estos estudiantes. Para mí, unirme a la "Organización Estudiantil Adelante Latino/a" en Seton Hall transformó y solidificó el significado de comunidad para mí. Replicó no solo los sentimientos de comunidad que experimenté al crecer en Newark, sino que también me ayudó a reafirmar mi identidad y herencia Latina.

"Adelante" trajo un pedacito de casa al campus universitario. Los eventos de Adelante siempre estuvieron llenos de música latina, comidas latinas y conversaciones llenas de *Spanglish*. Estos importantes aspectos culturales rara vez se encontraban en nuestro campus universitario, pero "Adelante" se aseguró de que no solo se destacaría nuestra cultura, sino que también se destacarían nuestras voces. A través de diferentes programas, Adelante siempre brindó oportunidades para que las personas compartieran sus historias, identidades, tradiciones y familias. Recuerdo claramente estar parada frente a muchos estudiantes en un evento y mostrar el orgullo que tenía en ser de Newark. Esto también me permitió informar y confrontar los comentarios que se estaban haciendo sobre mi ciudad y sacar a la luz el daño que esto puede hacer a los estudiantes de nuestra comunidad vecina. Podría haber aprovechado esta oportunidad para llamar en cara a la gente, pero en cambio quería invitarlos *adentro*, trayendo un sentido más profundo de autoconciencia al espacio.

Ser vulnerable y compartir mis sentimientos frente a un grupo grande no fue fácil. Me preocupé por la recepción y percepción de mis palabras, especialmente cuando mencioné el racismo incorporado en los comentarios hechos sobre mi comunidad. Sin embargo, sabiendo que mis compañeros y miembros de la comunidad de "Adelante" estaban allí me ayudó a encontrar y utilizar más mi voz. Incluso me sorprendió la cantidad de gente que no era Latino que me apoyaron y participaron constantemente en las reuniones comunitarias de "Adelante". Este ejemplo solo sirvió más como testimonio del sentido de comunidad que "Adelante" estableció.

CARRERA EN TRABAJO SOCIAL

Estas experiencias también tuvieron implicaciones para mi desarrollo personal y profesional como trabajadora social mientras estudiaba mi licenciatura. Cuando gané una comunidad en un hogar lejos de mi hogar, esto solidificó aún más la importancia de trabajar dentro de mi comunidad original para empujar el cambio adelante. Me atrajo trabajar con niños, adolescentes y adultos jóvenes. Conocí a muchas personas de esta población que también se sentían aisladas, que estaban marginadas y que solo estaban tratando de ser mejores de lo que el mundo exterior les hacía parecer.

Cuando me gradué en 2012, ya no experimentaba esa sensación de ser "menos que" o el "otro". Gané una familia extensa y me sentí emocionada de continuar mi viaje como trabajadora social.

Continué disfrutando trabajar con adolescentes y adultos jóvenes, y trabajé con esta población en colocaciones residenciales, comunitarios, tanto en los internados de universidad posgrado y también como trabajadora social profesional. También me aseguré de dedicar parte de mi trabajo a mi comunidad, y lo lograría trabajando como terapeuta a tiempo parcial en Newark. Durante mi trabajo como trabajadora social clínica, trabajando con personas y familias de color, vi continuamente las necesidades y las brechas en los servicios, específicamente en el tratamiento de trauma.

Mientras brindaba tratamiento para el trauma a mis clientes, noté que había temas recurrentes que se centraban en el miedo a la policía, especialmente con mis clientes que sobrevivieron violencia doméstica. Esto fue aproximadamente al mismo tiempo que el Departamento de Justicia de los Estados Unidos publicó los resultados de su investigación en el Departamento de Policía de Newark, donde se descubrió que los agentes de policía estaban participando en prácticas policiales perjudiciales. Vi que tratamiento basado en el trauma trajo cambios reales, personales y transformadores a mis clientes, y me pregunté por qué otros sistemas no estaban siguiendo el ejemplo de los enfoques basados en trauma. Llevé estas preguntas a mi familia y amigos que eran policía, y ellos mencionaron desafíos relacionados con el entrenamiento y la salud mental que estaban siendo ignorados dentro del departamento y la comunidad en general.

ESCUELA DE POSGRADO

Esto sirvió como la fundación que solidificó mi interés en el programa DSW en NYU. Escribí la composición personal para mi solicitud sobre la ciudad de Newark y los desafíos dentro de la policía. Mencioné la victimización primaria y secundaria que causaron los oficiales de policía e incluí en mi solicitud que quería usar el título de DSW para promover el cambio dentro de la policía.

Iba a ser doctora. Estaba inmensamente agradecida a Dios por esta oportunidad, pero igualmente temerosa. Todos esos sentimientos que sentí cuando ingresé a mi programa de licenciatura en Seton Hall volvieron de nuevo. ¿Iba a pertenecer? Me sentí aún más solo que cuando era estudiante porque no tenía mentores, familiares o amigos que alguna vez hubieran pasado por un programa de doctorado. Realmente me sentí como si estuviera atravesando un mundo nuevo e inexplorado, ni siquiera con una brújula, un mapa o un guía turístico.

Mientras asistía a la orientación, me di cuenta de que era una de los catorce estudiantes de mi cohorte, y yo era la única que se identificaba principalmente como Latina. Debería haberme sentido orgullosa en ese momento, pero los sentimientos de soledad solo se intensificaron más.

Ese primer semestre de mi programa de doctorado fue especialmente difícil. Me estaba adaptando a la cantidad exorbitante de lecturas semanales y aprendiendo a escribir un artículo académico, después de tanto tiempo desde que estudié mi maestría. Mi mayor ajuste, sin embargo, fue tratar de ganarme la confianza para creer que yo también pertenecía a este programa tanto como el resto de mis compañeros. Comencé a preguntarme si me había ganado mi lugar allí o si solo era parte de alguna cuota de diversidad. Al escuchar a mis compañeros de clase y conocerlos, vi diferencias marcadas en raza, nivel socioeconómico, educación y experiencias sociales.

También fue entonces cuando aprendí por primera vez sobre el fenómeno del impostor y los sentimientos de incompetencia y desconfianza que se acompañan. Sin embargo, es importante enfatizar que a veces nosotros (las personas de color) aprendemos sobre el fenómeno del impostor y pensamos que nuestras experiencias son luchas internas. En cambio, deberíamos mirar más de cerca y reflexionar críticamente sobre si nuestras experiencias con el fenómeno de los impostores son solo disfraces de experiencias con el racismo y la discriminación. Ahora entiendo que mis "sentimientos de impostor" eran solo yo enfrentando la histórica marginación y exclusión de las personas de color en la academia que todavía está presente en nuestras aulas universitarias.

Otro desafío para mi adaptación en mi programa de doctorado fue que no conocía ninguna comunidad en la que pudiera aterrizar como lo hice con "Adelante" en mi primer año de universidad. La intensa carga de clases del programa solo me aisló aún más de las comunidades en las que me había arraigado anteriormente, como mi familia, amigos y mi fe. Aunque conecté con algunos de mis compañeros de clase y comencé a desarrollar amistades duraderas, nunca sentí que era suficiente. Además, los mandatos de cuarentena y los cierres de la pandemia COVID-19 solo profundizaron los sentimientos de soledad y aislamiento. Tuve que buscar alternativas para reconectarme con comunidades previamente establecidas y desarrollar otras nuevas.

CONCLUSIÓN

Las comunidades no tienen por qué ser espacios físicos ni consistir en interacciones verbales. Como todos hemos reinventado formas de reconectarnos con nuestras comunidades a través de plataformas virtuales, como las videoconferencias y las redes sociales, también hemos tenido más tiempo para reflexionar y pensar en las cosas y las personas en las que queremos arraigarnos. Hacia el final de mi programa de doctorado, me profundicé en libros sobre la historia de Puerto Rico y me basé en una comunidad de orgullo puertorriqueño. Leí libros que profundizaron mis creencias espirituales y me arraigaron en la comunidad de mi fe. Me convertí en instructora de internado por primera vez para una estudiante de trabajo social que era latina, efectivamente convirtiéndome en parte de una comunidad de mentores / educadores de trabajo social. Esto me sigue fortaleciendo en la carrera del trabajo social.

Esta es también la razón por la que otros profesionales del trabajo social, especialmente los de color, necesitan este libro. La carrera del trabajo social sigue estando dominado por trabajadores sociales blancos americanos, a pesar de que los consumidores de servicios sociales son predominantemente personas de color. Esto puede dejar a los trabajadores sociales jóvenes experimentando el fenómeno de los impostores, dudando sus habilidades y cuestionando su capacidad de resiliencia.

Nunca olvidaré el momento en que presenté un taller hacia el final de mi doctorado y una Latina me dijo lo mucho que disfrutaba ver a otra Latina convertirse en doctora. Me hizo recordar cómo yo también necesitaba a alguien así al principio de mi carrera, validando aún más la importancia de crear y mantener una comunidad.

REFLEXIONES

El trabajo social continúa (y seguirá siendo) una carrera vital que solo crecerá a medida que los desafíos de este mundo se vuelvan cada vez más complejos. Sin embargo, tanto como hay nuevos trabajadores sociales que ingresan a esta carrera cada año, también hay trabajadores sociales que salen de este trabajo debido al agotamiento. Los trabajadores sociales trabajan incansablemente y, debido a nuestra naturaleza humana, a menudo nos olvidamos o descuidamos de basarnos en cosas o personas que nos sostendrán en este trabajo.

Solo recientemente el autocuidado se convirtió en un mandato ético en nuestro Código de Ética. Animo al lector a que se tome el tiempo para reflexionar sobre las cosas que le produjeron alegría, a redescubrir las pasiones que fomentaron un sentido de realización y a volver a conectarse con las comunidades que han previsto una base para el sostenimiento. Por último, animo a todos los profesionales latinos del trabajo social a que se comuniquen entre sí. Nunca se sabe cuánto contribuye su presencia un sentido de comunidad a los demás.

Spanish Translation by Jasmin Collazo, DSW, LCSW

SOBRE LA AUTORA

Dr. Jasmin Collazo es una trabajadora social clínica de Newark, Nueva Jersey, sirviendo en una variedad de funciones de trabajo social. La Dra. Collazo es profesora adjunta en la Universidad de Nueva York y posee una práctica privada a tiempo parcial en Nueva Jersey. Tiene una maestría en trabajo social y un doctorado en bienestar social (DSW), ambos de la Universidad de Nueva York (NYU).

Permaneciendo en el tratamiento de trauma, la Dra. Collazo aspira a continuar usando su práctica privada para servir a adolescentes, adultos jóvenes y oficiales de policía para abogar por cambios dentro de la policía que son informados por aquellos en la comunidad con la que trabaja.

EL LEGADO DE UNA LATINA ORGULLOSA

LAUDY BURGOS, LCSW-R

Cuando crecía, la universidad no era algo sobre lo que generalmente tuviera conversaciones con mi familia. No fue hasta que comencé la escuela secundaria que comencé estas discusiones con mi familia y supe que esto era algo que ellos esperaban que yo siguiera. Mi madre no había ido a la universidad y mi padre solo asistió un semestre antes de dejar la escuela para empezar a trabajar porque estaba formando una familia. Sin embargo, siempre inculcaron un sentido de deseo de logro, a pesar de sus recursos limitados.

MI PRIMERA HERIDA

Nací en Manhattan, NY y crecí en West Harlem. Asistí a una escuela secundaria pública en El Barrio, y en mi segundo año, mi consejera vocacional me pidió que comenzara a pensar en el proceso de solicitud de ingreso a la universidad. Me explicó los beneficios de la educación superior y lo que podía hacer con un título universitario. A partir de entonces, empecé a pensar en la universidad. Busqué especializaciones, universidades y becas.

Inicialmente, estaba bastante abrumada y tenía muchas preguntas sobre la estructura y el proceso. Ella tuvo que explicarme la diferencia entre licenciatura y posgrado. Me senté allí sintiéndome derrotada, mirando a esta mujer blanca con joyas elegantes y cabello perfectamente peinado, sin reconocer su privilegio de mujer blanca. Puede que no se haya dado cuenta del impacto de su enfoque y de lo pequeña que me hizo sentir. Sus microagresiones me perjudicaron.

Todavía recuerdo esa forma en que me miró, como si no pudiera verme; casi como si estuviera mirando más allá de mí. Me miró con impaciencia, casi como si pensara que tenía diez estudiantes más para ver esa semana que eran como yo. En sus ojos, éramos jóvenes que nunca íbamos a hacer nada con nuestras vidas.

Para mí estaba claro que dudaba de mi potencial dado que yo sabía tan poco sobre educación superior. Sin embargo, fui resiliente y comencé a investigar sobre todo el proceso. En mi tercer año, NYU ofreció un programa llamado "Proyecto MUST" que ofrecía tutoría y enseñaba habilidades de liderazgo. Durante una de las excursiones a la New York University, me enamoré del campus y supe que era allí donde quería pasar mis años universitarios. Cuando fui a ver a mi consejera vocacional, ella me dijo que nunca entraría a New York University y mi corazón se hundió.

UNA CURITA

Mis padres insistieron en que aplicara a NYU y a cualquier otra escuela que quisiera. Creyeron en mí. No eran plenamente conscientes del dolor total que sentí después de que mi consejera vocacional me desanimara. Pero su amor y dedicación me ayudaron a lidiar con el dolor y me hicieron seguir adelante. Eran personas trabajadoras con fuertes valores familiares, tradiciones profundamente arraigadas y una gran fe. Reflexioné sobre esta yuxtaposición; ella decía que no podía hacerlo, pero mis padres creían que podía. ¿Cómo puede una ser más fuerte que la otra?

En ese momento, sin embargo, decidí aceptar esa curita que mis padres colocaron sobre esa increíble herida, sabiendo que iba a ser abierta y reabierta una y otra vez porque era una mujer Latina.

El proceso de solicitud fue abrumador y tuve que hacerlo principalmente por mi cuenta, pero mi madre estaba a mi lado cuando visité el campus para solicitar que volvieran a ver mi paquete de ayuda financiera, ya que no había recibido suficiente ayuda. Dos semanas después, llegó la carta tan esperada que me dio casi una beca completa. Llegaron otras cartas de aceptación, algunas de las universidades más prestigiosas del país, pero mi corazón estaba fijo en NYU.

Antes de comenzar mi primer año, sabía que quería ser trabajadora social. Mis padres eran ambos inmigrantes; mi padre trabajaba como empleado de envío en una fábrica de ropa y, finalmente, se convirtió en supervisor gracias a su arduo trabajo y perseverancia. Desde el principio supe que el arduo trabajo y los sacrificios de mis padres me comprometían con una vida de servicio.

Pude tener un vistazo a cómo sería ayudar a los demás cuando ayudé a mi abuela y a muchos de nuestros vecinos a llenar solicitudes de cupones de alimentos y vivienda. La gratitud en sus ojos se sintió tan gratificante. Además, como una joven Latina que crecía a finales de los ochenta y los noventa en Harlem, vi a muchas personas en mi comunidad luchar contra la pobreza, el abuso de drogas y la violencia con armas de fuego. Algunos de mis compañeros no tendrían la oportunidad de ir a la universidad porque estaban embarazadas, tenían que trabajar o habían fallecido.

CHICA LATINA SE QUITA LAS CURITAS

Una vez en la universidad, me di cuenta de que no había tenido los privilegios con los que habían crecido muchos de mis compañeros. El mayor desafío para mí fue no ver a personas que se parecieran a mí. Era extremadamente intimidante ser la única chica Latina en casi todas las clases.

A pesar de ser uno de los mejores estudiantes de mi clase en la secundaria, mi escritura no estaba al nivel de muchos de mis compañeros. Los primeros meses recibí algunos de mis trabajos con comentarios desalentadores sobre mi gramática y desarrollé el síndrome de impostor. La vergüenza que sentí me hizo cuestionar si realmente pertenecía. Afortunadamente, una mentora muy especial en mi programa BSW me ayudó a superar estos obstáculos al dirigirme al centro de escritura, señalar mis fortalezas y, más importante, creer en mí. Esta mentora fue mi ángel durante toda mi educación universitaria. Hasta el día de hoy, ella continúa alentándome.

Tuve momentos en los que pensé que podía tener éxito, pero también tuve momentos de ambivalencia. Sin embargo, entré por la puerta que abrí para mí. Ver a mi padre trabajar muchas horas adicionales y la expresión de orgullo en su rostro cuando vestía su camiseta de papá de New York University también me ayudó a seguir adelante. Mi abuela también creyó en mí y me recordó que los Latinos son resilientes y orgullosos; y sabemos superar la adversidad y hacer lo mejor de cualquier situación. Mi primera semana en NYU, la vi sentada en Washington Square Park, y me dijo que trajo a los guardias de seguridad un cafecito con una foto mía para que me cuidaran y me mantuvieran segura y protegida. Es esta calidez y conexión familiar dentro de nuestra cultura Latina lo que me ayudó a prosperar. Poco después, caminé por Washington Square Park con mi suéter morado sintiéndome segura de mi misma e inteligente, ¡y lista para progresar!

En un año, estaba escribiendo como mis compañeros y prosperando. Comencé a quitarme esas curitas mentales y me di cuenta de que me estaba curando lentamente gracias a mi propia capacidad de resiliencia. Me sentía lo suficientemente valiente para tener éxito.

Comencé a interactuar más con otros estudiantes y me involucré en actividades. También organicé una colecta de juguetes que benefició a un programa de VIH pediátrico en el Hospital NYU. Este fue mi primer vistazo al trabajo social médico. Después de hablar con la trabajadora social de la unidad, supe que esto era algo que definitivamente consideraría. Alrededor de este tiempo, me di cuenta de todos los obstáculos que enfrentaba mi familia al navegar por el sistema de salud. Mi madre siempre me necesitó para traducir, lo que no siempre fue apropiado, y mi abuela vio a varios médicos de atención primaria que le recetaron muchos medicamentos para sus enfermedades crónicas, sin evaluar nunca qué más estaba tomando.

En mi tercer año, mi mentora y yo estábamos discutiendo estas barreras de atención médica y ella me animó a hacer un internado en un hospital, para que pudiera ver si era una buena opción para mí. Me colocaron en psiquiatría pediátrica y se me abrió un mundo de posibilidades. No solo aprendí excelentes habilidades de evaluación e intervención, sino que comencé a comprender cómo la enfermedad (física y mental) afecta al individuo y al sistema familiar. Nuevamente, noté que la mayoría de los pacientes tratados en las clínicas de salud mental de los hospitales eran minorías con Medicaid. Esto implicaba largas listas de espera, diferentes médicos y tener que cambiar de médico cuando su entrenamiento terminaba. Esta falta de consistencia crea disparidades en su cuidado.

Graduarme con un BSW de NYU es hasta la fecha uno de los mejores momentos de mi vida. Si bien anhelaba continuar estudiando para obtener mi MSW, comencé a preocuparme por cómo pagarlo. Una vez más, mi mentora me animó a aplicar al programa de MSW, recordándome que todos los desafíos son oportunidades de crecimiento. Una vez en el programa MSW en

NYU, ella me ayudó a conseguir un trabajo en un programa Early Head Start, y tuve la suerte de trabajar con increíbles trabajadoras sociales que invirtieron en mí y me enseñaron. ¡Antes de darme cuenta, me había graduado!

LAS MUCHAS FASES DE TRABAJO SOCIAL

Mientras me siento aquí en medio de una pandemia y reflexiono, recuerdo mis últimos veintitrés años en mi carrera de trabajo social. Pensé en lo que he logrado y también en el trabajo que aún me falta por hacer. Ahora soy una gerente que supervisa un área programática completa. Como mujer en una posición de liderazgo, pienso en cómo usé mi poder para lograr cambios y apoyar la sanación de otros. En el verano de 2020, en reacción al asesinato de George Floyd, mi colega y yo creamos espacios virtuales seguros para que el personal expresara su rabia, miedo, indignación y la necesidad de desmantelar el racismo dentro de la institución. Esto nos llevó a asociarnos con el liderazgo del Departamento de Trabajo Social para crear la Iniciativa de Lucha contra el Racismo e Inclusión del Departamento de Trabajo Social. En todos los espacios en los que he ingresado, he querido desmantelar el racismo, reducir las disparidades en la salud, educar, apoyar y orientar. Estoy muy agradecida con mi amiga y colega que me ha recordado como mantenerme dedicada a este trabajo, mientras celebramos nuestros logros. También estoy agradecida por la líder que trabaja con nosotros, quien ha dado un salto de fe y no solo nos ayudó a desarrollar nuestra visión, sino que participó en conversaciones difíciles con nosotros para desarrollar nuestras iniciativas de manera intencional. Esto también me ayuda a curar esa primera herida.

Mi primer trabajo después de la universidad fue en asma pediátrica en un hospital. Durante mis cinco años y medio allí, trabajé con los Centros para el Control de Enfermedades, ayudando a las familias a superar los factores de estrés psicosocial para que pudieran controlar el asma de sus hijos. Me enteré de que El Barrio tiene una de las incidencias más altas de asma en el país, y me sentí honrada de participar para combatir esto. Los factores ambientales, los estresores psicosociales y el acceso a la atención médica fueron problemas que afectaban a mis pacientes y sus familias. Quería hacer más, así que me uní al Grupo de Trabajo sobre el Asma, un grupo comunitario que abogaba por mejores condiciones de vida para estas familias. Hablé con legisladores y escribí subvenciones que dieron como resultado programas que beneficiaron a mis pacientes.

En el 2004, comencé a trabajar en Obstetricia y Ginecología en el mismo hospital. Trabajar con mujeres embarazadas pobres, pertenecientes a grupos de minorías era muy diferente, pero rápidamente me di cuenta de que muchos problemas seguían siendo los mismos: disparidades en la salud, viviendas inadecuadas, enfermedades mentales, pobreza y más. Todos estos problemas afectaron las consecuencias médicas y de desarrollo de sus bebés. Como trabajadora social trabajando con las adolescentes embarazadas, me apasionó mucho enseñar a mis pacientes adolescentes todo lo que pudiera para prepararlas para la crianza de sus hijos y garantizar mejores resultados para ellas y sus hijos. En esta posición, también tuve la suerte de ser supervisada por una mentora de color muy sabia que compartió generosamente sus dones en posición de mentora. Ella me enseñó a sobrevivir en espacios donde existe el racismo sistémico. En el 2012, me interesé en la depresión posparto y cómo afecta a una población ya vulnerable de mujeres de color. Durante casi diez años, he recibido entrenamiento para asegurarme de poder ayudar a tantas mujeres como sea posible, para que puedan sentirse seguras sobre la maternidad y explorar todo su potencial. Durante mi tiempo aquí, también tuve la oportunidad de publicar mi trabajo, que ha sido increíblemente gratificante profesionalmente.

Durante los últimos catorce años también he trabajado como consultora con varias agencias de cuidado de crianza haciendo estudios en hogares de adopción y trabajando con jóvenes para prepararlos para la edad adulta. Me ha abierto los ojos al hecho de que, a pesar de los muchos desafíos que existen en el sistema de cuidado de crianza, existen muchas oportunidades para intervenir que tendrán un impacto enorme en la vida de estos niños.

También he tenido el privilegio de enseñar y asesorar a estudiantes en NYU, Columbia University y Fordham University. ¡Compartir mi conocimiento y ver a los estudiantes aprender un concepto en particular es una de mis cosas favoritas en el mundo! Ellos también me han enseñado mucho sobre los valores y la ética del trabajo social.

Sin embargo, las dos cosas de las que estoy más orgulloso en mi carrera de trabajo social son mi papel como mentora y mi trabajo en la lucha contra el racismo y la inclusión. En el verano de 2019, asumí el liderazgo del programa de Trabajo Social de la Northeast Regional Alliance (NERA) en mi institución. Este es un programa de canalización dirigido a estudiantes universitarios de tercer año desfavorecidos que se especializan en trabajo social o psicología para influir la preparación para la aplicación competitiva a los programas de posgrado en trabajo social. Muchos de los estudiantes son personas de color como yo, que superaron obstáculos y llegaron a la universidad. Muchos de ellos se benefician al aprender habilidades profesionales y de trabajo social que los llevarán al siguiente nivel en sus carreras profesionales. Ver a los becarios de mi primer grupo graduarse con su MSW fue un momento de orgullo para mí.

Ambos son verdaderos ejemplos de las raíces del trabajo social: justicia social, activismo, promoción y la obligación moral de ayudar a los más vulnerables de la sociedad. Saber que estoy marcando una diferencia en las vidas de las personas de color que luchan a diario con su trauma racial me da una inmensa satisfacción. El trabajo es desafiante porque sabemos que el racismo sistémico y la opresión son difíciles de desmantelar, pero los valores de nuestra cultura Latina me han ayudado: la familia, la importancia de la conexión humana, la compasión y la perseverancia.

Ser Latina significa tener que trabajar más duro para demostrar tu valor en este país, pero mi pasión me ha ayudado a superar muchos obstáculos. Agradezco a mi esposo e hijos que me inspiran a diario. Me admiran y celebran todos mis logros. Me recuerdan que les sirvo de modelo a seguir, y me veo a mí misma en ellos en la forma en que caminan a través de su viaje.

Mi más profundo amor y gratitud a mis padres y hermanas que siempre creyeron en mí y me pusieron todas esas curitas para que yo pudiera seguir adelante. Su apoyo me ayudó a pasar muchas noches mientras estudiaba y escribía asignaturas.

REFLEXIONES

Hoy en día, los trabajadores sociales van más allá de brindar apoyo a las personas y conectarlas con recursos para ocuparse activamente de los problemas que impiden el cambio y el progreso de la sociedad. Va más allá del servicio a la reforma social. A través de nuestro trabajo podemos crear conciencia sobre los problemas entre las comunidades marginadas. Nuestro campo está evolucionando y existen oportunidades para participar en más trabajo político que impactará el cambio desde el nivel micro al macro. Nuestro papel es holístico y puede tener un gran alcance.

- ¿Por qué es importante atender al impacto de la raza en las disparidades en la salud?
- ¿Por qué es importante comprender el trauma racial cuando se trabaja con grupos minoritarios?
- ¿Por qué es importante hablar sobre el privilegio de los blancos y tener conversaciones incómodas?
- ¿Por qué es importante desarrollar programas de tutelaje para estudiantes de trabajo social?

- ¿Por qué es importante trabajar con una variedad de poblaciones?
- ¿Qué partes de tu cultura Latina traes a tu trabajo?
- ¿Cómo puedes convertirte en un agente de cambio eficaz?

Spanish Translation by Laudy Burgos, LCSW-R

SOBRE LA AUTORA

Laudy Burgos, LCSW-R es gerente de trabajo social en la División de Mujeres y Niños del Hospital Mount Sinai. En esta capacidad, supervisa al personal de trabajo social en la clínica ambulatoria, las unidades de hospitalización y la práctica privada en el departamento de Obstetricia y Ginecología. Su área de especialidad es el tratamiento de los trastornos del estado de ánimo perinatales. También es co-coordinadora de Postpartum Support International en Nueva York y miembro de la junta de The Perinatal Mental Health Alliance for People of Color.

Ella ha participado en varias conferencias de trabajo social nacionales e internacionales y es autora de ""Screening for Perinatal Depression in an Inner-City Prenatal Setting" " y es coautora de "Postpartum mood among universally screened high and low socioeconomic status patients during COVID-19 social restrictions in New York City" y de "Early pregnancy mood before and during COVID-19 community restrictions among women of low socioeconomic status in New York City: a preliminary study." También trabaja como consultora para varias agencias de cuidado de crianza en la ciudad de Nueva York.

Laudy es miembro actual de la facultad de la Escuela de Medicina Icahn en Mount Sinai, la Escuela de Trabajo Social de la Universidad de Columbia y la Escuela de Trabajo Social Silver de NYU. Se graduó de la Silver School of Social Work de New York University.

Madrina

FORMACIÓN DE UN TRABAJADOR SOCIAL: UN TRIBUTO AL LIDERAZGO LATINO EN TRABAJO SOCIAL Y A SUS CONTRIBUCIONES AL BIENESTAR SOCIAL

MARIA ELENA GIRONE, MSW

"Nunca Ceses En Hacer De Tus Sueños Una Realidad"

ABRIENDO TRECHOS: EL COMIENZO DE COMPASIÓN Y EMPATÍA

¿Cuándo empieza un niño a entender y a responder con sensibilidad a las penas y alegrías de otros? De seguro muy temprano pues vemos como un niño llora cuando el otro llora y ríe al unísono con otros. Estos dos principios fundamentales en la formación de un trabajador social empezaron a tomar raíces en mi a temprana edad.

Soy oriunda de Ciales, un pueblito pequeño, montañoso, ubicado al noreste de Puerto Rico. La vida en este paraíso era muy simple, sin grandes preocupaciones, pues no existían complejidades y problemas comunes a ciudades más grandes y con más habitantes. Las principales instituciones que le daban vida a los residentes de Ciales eran la Iglesia Católica, una factoría de tabaco y pequeñas tiendas de provisiones, ropa etc. Dos farmacias suplían medicinas y misceláneas para la población. Las instituciones financieras como las conocemos en el presente no existían. La economía local dependía de sembrados de café, caña de azúcar y tabaco. Los escasos recursos de salud consistían en un hospital y dos doctores quiénes proveían cuidados primarios y preventivos. Evaluaciones, diagnósticos y tratamiento para pacientes críticos estaban disponibles solo fuera de esta municipalidad primordialmente en los distritos de afuera. Ciales pertenecía al distrito de Arecibo y por lo tanto para enfermedades serias y emergencias los pacientes tenían que ser llevados en auto o usando la ambulancia si su condición lo ameritaba. (Los distritos son geográficamente más grandes que los pueblos y por supuesto con un censo poblacional más grande.) Al distrito se anexan pueblos o regiones más pequeñas con una infraestructura más frágil formando un sistema de co-dependencia y cooperación. Muchas eran las personas que morían en el camino antes de llegar al hospital.

En estás precarias circunstancias, Ciales también carecía de servicios de higiene mental. Existía un "manicomio" para pacientes con enfermedad mental crónica en necesidad de hospitalización y servicios de custodia. Este consistía en un edificio de cemento con ventanas tan pequeñas muy parecido a un palomar. Recuerdo muy bien que de niña solía ir con otros niños a escuchar los gritos y observar la conducta agitada de los pacientes internos, conducta que provocaba curiosidad y risas en los niños. Existía un elemento de miedo y reto en estas excursiones. Aunque parezca extraño estas experiencias dejaron profundas huellas en mi personalidad y resonaron luego en mi vida profesional cuando empiezo a trabajar para el Instituto de Familias Puertorriqueñas en Nueva York. Para esa época esta pequeña organización tenía un presupuesto de menos de medio millón y su asignado propósito era conectar familias con recursos comunitarios. Así es como descubro la abrumadora carencia de servicios culturalmente sensitivos en las organizaciones de servicios humanos en esta ciudad que respondieran a las necesidades de la comunidad Latina. Era sumamente frustrante no poder ofrecerles a las familias servicios de conserjería, higiene mental etc. por no tener un presupuesto para estos fines. No es hasta fines de los 60 que el Instituto obtiene dinero para establecer la primera clínica de salud mental y algunos proyectos de conserjería. La indiferencia hacia los problemas de los migrantes Latinos era evidente y conmovedora. Esta indiferencia sistemática solo mejora un poco con la presión social y política mayormente impulsada por líderes puertorriqueños quienes por su condición de ciudadanos consiguieron atención gradual de los sistemas públicos y privados. Este movimiento militante queda plasmado en mí como la única estrategia a la que respondían los líderes en poder. Por consiguiente el trabajador social Latino por la naturaleza de su clientela y sus necesidades especiales hace uso de la abogacía y activismo para conseguir integrar su comunidad en la planificación de programas y servicios en el sistema de bienestar social. Estás circunstancias modelan las técnicas y estrategias de la jibarita de Ciales y su devoción a su gente y a su profesión facilitan esos cambios en su carácter, su personalidad y en sus ejecutorias profesionales.

LA FAMILIA:

Creo firmemente que los valores intrínsecos y fundamentales para mi eventual carrera en trabajo social fueron propulsados por mis padres y sus enseñanzas religiosas. Mi familia profundamente católicos eran miembros activos de su pequeña iglesia. Yo estimo que para mi niñez más del 80% de la población de Ciales era católica. El sacerdote, (padre Beltrán) era un respetado líder y a su alrededor los feligreses gravitaban. Mi padre compartía mucho de los sueños de este ministro de Dios y juntos establecieron la primera institución financiera de Ciales, "La Cooperativa Católica" de Ciales. Esta cooperativa que evolucionó como un sólido pilar para el desarrollo económico de Ciales cambia su nombre a "Cooperativa Hogar Cristiano" como se conoce al presente. (La base para una Cooperativa es tener un grupo de inversionistas, una junta directiva y seguir los principios establecidos para cumplir con su misión) No lejos de cómo se establecen programas y servicios en una organización sin fines de lucro.

¿Cuánto influye esto en mi carrera? En gran medida le dio firmeza y dirección al tremendo desarrollo que experimentó el Instituto durante mis 50 años bajo mi dirección.

En gran medida las hazañas y logros de esos dos líderes indirectamente me mostraban el camino hacia las ventajas de trabajo en equipo, planificación y cómo adquirir los fondos necesarios para proyectos comunitarios. Mi padre continúo mostrándome el camino hacia el desarrollo y fortalecimiento de una comunidad no solo en el área de bienestar social sino también en el área espiritual. Esto lo hace cuando se formaliza otro plan para edificar una iglesia que respondiera a las necesidades del pueblo. Esta vez contando con los líderes de la cooperativa, con más fuerza y convicción de propósito realizan el sueño de tener una iglesia que llenará las necesidades de un pueblo en desarrollo.

No tengo ninguna recolección de cuánto se tardaron para lograr terminar este proyecto, pero la iglesia católica de Ciales no solo llena las necesidades espirituales de su congregación, es además un monumento arquitectónico y una majestuosa obra que existe como testamento a la determinación y ardua labor de sus fundadores. A los que fuimos testigos de ver como se logró realizar el proyecto, nos enseñó a que si, los sueños se realizan y que no debemos darnos por vencidos para lograrlo. Esta experiencia cimentó mi interés en adquirir y desarrollar propiedades para albergar los programas del Instituto.

Esta es una de las áreas que más satisfacción y aprendizaje obtuve durante mi carrera.

Los trabajadores sociales constantemente estamos poniendo los bloques para levantar, afirmar y conseguir los recursos para aquellos que viven al margen de la sociedad. Hoy puedo decir con orgullo que durante mis años de trabajo no solo renovamos edificios para personas viviendo con problemas intelectuales sino que construimos otras residencias en el Bronx para acomodar personas en lista de espera. Estas operaciones en el área de bienes raíces despierta un interés colectivo en explorar la compra de un edificio para albergar y centralizar los programas localizados en Manhattan. Trabajando mano a mano con la Junta Directiva se realizó este sueño. Con esta aventura que duró alrededor de cinco (5) años en terminar y donde miles trabajaron para lograrla es un símbolo de que querer es poder y los trabajadores sociales pueden volar alto si lo intentan.

En cierta forma este proyecto también cimentó las bases de la organización.

¿Cómo un trabajador mantiene ese bonito compromiso para aquellos que necesitan el apoyo para levantarse y construir una mejor vida?

¿Será la empatía unos de los muchos factores que unen a estos profesionales y los distingue como fieros abogados de la justicia social?

Se de cierto que mi inquietud por la carencia de justicia social en los sectores marginados también empezó temprano. Es difícil señalar un punto en particular pero para mi fue recurrente y con mucha pena ver como en mi pequeño pueblo una mujer y madre de cinco niños frecuentemente la policía la encarcelaba por prostitución o alteración a la paz comunitaria. Estos episodios sucedían a las 2 o 3 de la mañana y sus niños la seguían llorando. Como tenían que pasar por mi casa para llegar al cuartel de la policía, no solo me despertaba pero también me agitaba el sufrimiento de los niños. De aquella angustia se nutre mi deseo de hacer una diferencia mayormente en la vida de familias y niños necesitados. Pronto apareció la oportunidad para esto. Para los años del 2007, el Instituto establece programas de "Head Start" en New York y Puerto Rico. Lo que empezó como un programa piloto se convirtió en una de las bases más importantes para esa organización. Este giro en los servicios una vez más solidifica y añade al menú de programas disponibles para niños y familias bajo el ala del instituto.

EL VALOR DE LA EDUCACIÓN Y LECCIONES APRENDIDAS

Dicen que los niños son esponjas con respecto al aprendizaje y yo les he demostrado como mis experiencias desde muy niña sirvieron para propulsar mi carrera y tener la satisfacción de lograr mis metas. Nunca pensé en que podía hacerlo sola y por eso me siento orgullosa de la ayuda y el apoyo recibido de mis compañeros en mi viaje profesional. A todos los recuerdo con cariño, admiración y respeto.

Ya hablé de las influencias que tuvo mi padre en la formación de mi carácter y en las decisiones y giros que tuvo mi vida profesional. Son los padres los primeros maestros y mi padre ejerció esta tarea muy consciente de lo que hacía. Su tutela también incluía tutoría en mi tiempo libre. Mucho tiempo pasaba con él en la fábrica de tabaco donde él era el contador público encargado de las finanzas. Con él aprendí como se hacían las entradas en los libros mayores, incluyendo ingresos y gastos. De ahí empezó mi interés en las finanzas, lo cual reafirme en mis estudios de colegio. Estas primeras lecciones en el uso y control del dinero fueron una gran ventaja en mi posición como presidenta del Instituto de Familias Puertorriqueñas y su expansión no solo en servicios sino también en áreas geográficas.

El planificador apenas duerme y mis mayores desvelos emanaban de mi inmensa preocupación en mantener la solvencia financiera de mi organización. De seguro la atención y manejo de esta área fue difícil pero productiva ya que a pesar de las alzas y bajas la organización siempre mantuvo una base financiera estable.

BAUTIZADA CON FUEGO: PREPARADA O NO TU ESTÁS A CARGO

Mis años de estudiante se caracterizaron por un compromiso total a calidad en mi educación y alcanzar mis metas en corto tiempo. Los cursos de Escuela Superior los terminé en dos años y mi bachillerato en tres. Así fue como empecé muy joven a trabajar.

Fui afortunada de ser reclutada para dirigir la oficina de bienestar social a cargo de su programa de asistencia pública y la de bienestar del niño en mi pueblo natal.

Mi primer reto fue ganar el respeto de mi equipo de trabajo pues muchos de ellos me vieron crecer y por ende el aceptar que yo era su jefe les fue difícil. Desde el conserje hasta los empleados de más experiencia se referían a mí como la "nena" (término de cariño). Para mi fue muy difícil también y en realidad no tenía idea de cómo lidiar con este dilema. Pronto se presentó una situación que pondría mi entereza profesional y mi determinación a prueba. Por supuesto, verme manejar con éxito el problema definitivamente reafirma mi capacidad para dirigir.

Un día en la primera semana en mi trabajo escuchamos una clienta que de forma alterada y a gritos llamaba a su trabajadora toda clase de nombres y amenazaba con cortarle la cara. Los empleados muy callados, y con el miedo reflejado en sus caras se fueron agrupando lejos de la cliente. Yo salí de mi oficina y para mi sorpresa frente a mí como una visión de mi niñez estaba la madre de los niños quienes llorando caminaban detrás de ella camino al cuartel. Por supuesto la mujer estaba mucho más mayor y deteriorada. Era obvio que también estaba bajo los efectos del licor. Con mucho temor pero aparentando firmeza me acerqué a ella y la invité a conversar. Pudimos dialogar en privado, dejó su navaja en mi poder y por primera vez se enteró de que yo conocía de sus inquietudes desde niña. Aunque muy tarde para rehabilitarse los niños algunos ya adolescentes fueron removidos del hogar.

Mi primera lección en administración y principios en trabajo de grupo se cimentaron en esta ocasión y de hecho esta experiencia me motivó para conseguir mi certificación en dinámica de grupo y terminar mis estudios en trabajo social.

MI VIDA EN LA GRAN MANZANA: REAFIRMANDO UN PROPÓSITO

La primera visita a Nueva York fue a visitar familiares.

Siendo todavía muy joven me atraía estar con mis primos de más o menos mi misma edad y decidí quedarme en Nueva York. El cariño de mi familia extendida era incondicional y eso facilitó mi adaptación a la vida en la gran manzana, aunque echaba de menos mi soleado Puerto Rico y el calorcito de mi isla y de mi gente. Después de considerar varias ofertas de empleo me encontré un pedacito de Puerto Rico en el Instituto de Familias Puertorriqueñas. Fue esto como mandado por Dios. De inmediato su misión de fortalecer a la familia y promover su adaptación e integración a una vida comunitaria saludable, me atrajeron como un imán.

La inquietud sentida de ser un extraño en una ciudad extraña y sentirse uno diferente a como estas en tu entorno familiar pronto se disipó. Para nosotros los puertorriqueños a pesar de nuestro vínculo político con los Estados Unidos y el hecho de ser ciudadanos no nos ínsula del choque cultural y de otras barreras sociales, ambientales y económicas que enfrenta nuestra comunidad Latina migrante en su esfuerzo por lograr una mejor vida. Yo creo que el activismo y ser la voz para aquellos que no tienen voz ni voto son elementos esenciales para un trabajo efectivo y eso yo lo aprendí en la gran manzana. La época de los 60 caracterizada por demostraciones públicas donde se llama la atención a los derechos humanos especialmente a los problemas de comunidades marginadas como la comunidad Latina dieron origen a muchas de nuestras instituciones y a las ya existentes las fortaleció. Vemos también crecer y aumentar la participación en política pública de hispanos principalmente puertorriqueños. Ver como el cambio social y político surge de estas demostraciones que frecuentemente terminaban en violencia fue verdaderamente un bautizo con fuego. Con mucha satisfacción veo cómo mi pequeña organización a fines de los 60 empieza a ser reconocida como parte esencial del sistema institucional de apoyo para familias y niños. Empieza también el reconocimiento de la carencia de servicios culturalmente competentes y su función fundamental en la provisión de servicios humanos. Para mi fue una década de "iluminación" y de un movimiento donde el trabajador social mano a mano con otros líderes comunitarios mueve la rueda del progreso para impulsar muchos cambios en la política social no solo a nivel de estado sino a nivel de la nación.

Todavía recuerdo con orgullo y admiración muchos de los pioneros quienes levantaron sus voces para lograr que el sistema de bienestar social y entidades públicas y privadas respondieran a las necesidades de comunidades marginadas.

En las décadas siguientes y poniendo en práctica lo aprendido dedicó parte de mi tiempo al análisis y al impacto de nuevas directrices en la política pública y las implicaciones para organizaciones sin fines de lucro. Esto me dio la oportunidad de introducir el Instituto en el plano nacional y adquirir fondos federales para programas y servicios no solo para Nueva York sino también para Puerto Rico. Considero esta etapa como una culminación en mi carrera y una de mucha satisfacción y plenitud. En estos años el Instituto continuó expandiendo sus servicios preventivos, las clínicas de higiene mental todas manejadas por trabajadores sociales. Tanto administradores como supervisores al igual que los terapistas tenían su maestría en Trabajo Social. La solidez programática y financiera de estos programas nos permitió explorar otras áreas de servicios expandiendo así la visión y el propósito de esta entidad.

El foco en educación primaria esencialmente "Head Start" y "Early Head Start" abrió un horizonte de oportunidades no solo para familias y niños sino para mi como trabajadora social. Aprendí todo lo que se relaciona con su misión, "estándares" de operación, currículos y hasta escribir propuestas federales. Tuve la satisfacción de ver cómo estos programas se extendieron como el fuego alcanzando el nivel de ser considerados programas modelos.

Felicidades a la emplomaría y administradores de estos programas que dieron el 200% para alcanzar su ameritado reconocimiento. Agradezco la distinción de haber trabajado "mano a mano" con un excelente equipo donde por primera vez integramos la promoción y preservación del sistema ecológico en todas las facilidades en construcción.

Como trabajadora social y administradora siempre me preocupé de crear servicios para comunidades carentes de servicios esenciales para su subsistencia. La organización siempre mantuvo un alto compromiso para la calidad de esos servicios. Este compromiso con nuestra gente era el denominador común que nos unía a todos trabajando como equipo, con la certeza de que "en la unión está la fuerza".

Mucho queda por decir en una carrera que se expande por medio siglo. Aunque me retiré en el 2015 me he mantenido activa apoyando otros esfuerzos comunitarios. Me queda "la satisfacción del deber cumplido".

REFLEXIONES

- ¿Cuáles son tus ambiciones, tus sueños?" Atrévete a soñar no importa cuán pequeños o grandes sean tus sueños.
- ¿Te cohíbes al pedir ayuda?" No estás solo; si preguntas recibirás.
- Mantener a los que están en poder responsables de dar cuenta a aquellos que los subieron al poder es un "Mandato Divino".

Spanish Translation by María Elena Girone, MSW

SOBRE LA AUTORA

Maria Elena Girone obtuvo sus grados académicos en la Universidad de Puerto Rico, recinto de Río Piedras, su bachillerato con concentración en ciencias políticas y su maestría en Trabajo Social con práctica en ciencias médicas y asuntos legales. Su carrera profesional se expande por cinco décadas que incluyen trabajo directo con familias y niños, adiestramiento profesional en dinámica de grupos, profesora en trabajo social y por último, administración de agencias.

Es interesante notar que su experiencia profesional empieza y termina administrando programas. Su primer trabajo fue de directora de una oficina de Bienestar Social en su pueblo natal, Ciales, Puerto Rico y por espacio de más de 30 años dedicó todas sus energías al desarrollo del Instituto de Familias Puertorriqueñas con cede en la ciudad de Nueva York. Para entonces el Instituto se componía de un pequeño programa dedicado a apoyar y conectar familias latinas recién llegadas a la ciudad con recursos comunitarios. Allí ella encontró la perfecta plataforma para la realización de su visión y su sueño. Bajo su liderazgo el Instituto se convirtió en una reconocida entidad por sus excelentes programas y servicios lingüísticos y culturalmente sensitivos.

En 1989 en conjunto con la junta de directores estableció la fundación "Hopes for Families and Children Foundation" con el propósito de reafirmar la base financiera de la organización y poder invertir en la compra de edificios para expansión de servicios. Bajo esta nueva iniciativa se construyen y se adquieren varios edificios que también apoyan y ayudan al presupuesto de la nueva entidad.

En el 2001 y con el apoyo de la Asociación de Trabajadores Sociales-capítulo de la ciudad de Nueva York estableció "The Latino Social Work Coalition and Scholarship Fund Inc". Esta coalición está compuesta por reconocidos líderes en el campo de trabajo social y prestigiosas escuelas de trabajo social y su propósito principal es aumentar el número de trabajadores sociales culturalmente competentes para servir a la comunidad Latina. También sirve de apoyo a trabajadores sociales y sus retos en sus trabajos.

Finalmente se retiró en el 2014 con la satisfacción de haber dejado al Instituto de Familia Puertorriqueña con solidez financiera y programática. Su vida de servicio continúa, como voluntaria ayudando a la vitalidad de otras organizaciones sin fines de lucro.

Madrina

LOS TRABAJADORES SOCIALES CAMBIARON MI VIDA

———

MARÍA LIZARDO, LMSW

"Siempre busca tiempo para encontrar tu alegría."

La razón por la cual elegí ser trabajadora social está ligada a mi infancia y mi crianza. Nací en los Estados Unidos, en la ciudad de Nueva York. Mis padres vinieron aquí de la República Dominicana en 1965, para escapar de la inestabilidad política y la pobreza extrema. Mi madre era la menor de dieciséis hijos, analfabeta, y sólo completó una educación de tercer grado. Mi padre era el mayor de dos hijos y tenía su diploma de escuela secundaria.

Vinieron aquí cuando había pocos latinos dominicanos en la ciudad de Nueva York. Se establecieron en el área de Hamilton Heights, Washington Heights, porque era más barato, y ahí es donde decidieron comenzar a vivir su sueño americano. Mi padre trabajaba en un restaurante de carnes y era un jugador compulsivo. Mi madre trabajaba en fábricas.

Cuando yo tenía cuatro años y mi hermana tenía dos, nos enviaron a la República Dominicana porque iban a empezar a ahorrar para comprar una casa allí. Vivimos allí durante cuatro años, y fue ahí donde comencé mi educación formal. Esa es la razón por la que mi idioma dominante es el español.

Regresamos a la ciudad de Nueva York cuando tenía ocho años, porque mi mamá se dio cuenta de que mi papá se había jugado todo el dinero que habían estado ahorrando. Decidió que era hora de traer a sus hijos de vuelta a casa para poder criarlos. Luego tuvo a mi hermano, y cuando yo cumplí los dieciséis años, éramos mi hermana, que es dos años menor, mi hermano, mi madre y yo. Mi hermana mayor, de una relación anterior, vivía en la R.D. en ese momento con su esposo.

Regresar a los Estados Unidos fue duro, no solo porque pasamos de un clima tropical al frío, sino que el ritmo de vida es más ocupado aquí, y solo sabía hablar español. También estaba en un grado superior allá y aquí me pusieron en el tercer grado.

Estaba muy agradecida por nuestros vecinos cubanos y la niña en su familia, Tamara, se convirtió en mi mejor amiga y me ayudó a aprender inglés. No había clases bilingües en ese momento.

PROJECT BASEMENT (PROYECTO SÓTANO)

Vivíamos muy cerca de una organización comunitaria llamada Project Basement. Ese era el lugar donde los trabajadores sociales impactaron y cambiaron el curso de nuestras vidas. Nos conectaron con los programas gratuitos de desayuno y almuerzo escolar, me ayudaron a llenar mi primera solicitud para un campamento de verano para jóvenes a la edad de catorce años y trabajé en un campamento en Harlem como tutor.

Fue entonces cuando decidí convertirme en trabajadora social, porque fueron esas tres trabajadoras sociales, Susan, Kathy y Annie, en el Project Basement las que tuvieron una gran influencia en toda nuestra familia. Me contrataron al año siguiente para trabajar en su programa después de la escuela, y luego me quedé con ellos. Trabajé después de la escuela, fui a la escuela secundaria y luego, cuando terminé la escuela secundaria, me contrataron a tiempo completo.

Fui administradora de casos en el programa preventivo. Luego, a la edad de veintitrés años, me gradué de Hunter College, y unos años más tarde, decidí ir por un posgrado a Hunter College School of Social Work.

Fue esa organización sin fines de lucro, y esas mujeres que nos demostraron que les importamos, las que se entretejieron a lo largo de nuestras vidas y tuvieron un impacto muy profundo. Fue esa comunidad la que vio nuestro potencial y creyó que todos podíamos hacerlo mejor. Nos dieron esperanza porque crecimos pobres. Hubo momentos en que no teníamos dinero para la carne, y comíamos arroz blanco y huevos revueltos, porque eso era lo que había. Hasta el día de hoy, es una de mis comidas favoritas.

Mi madre también fue una gran influencia. Era feroz, una *guerrera* que vino a Nueva York en busca de una vida mejor. Ella nos enseñó cuatro cosas: la educación es clave, debes trabajar duro, tienes que hacer espacio para ti mismo en la mesa porque nadie lo va a hacer por ti, y tienes que estar al servicio de los demás. No es suficiente que lo hagas para ti mismo, debes cuidar a tus vecinos y a tu comunidad.

ENCONTRANDO MI PASIÓN

Después de graduarme de la universidad con mi licenciatura en sociología, conseguí un trabajo en PROMESA en el Bronx, y estuve con ellos durante ocho años a tiempo completo. Hice una variedad de cosas diferentes allí. Trabajé con jóvenes fugitivos y sin hogar, abusadores de sustancias, tratamiento de metadona ambulatorio y clientes residenciales libres de drogas.

Luego comenzaron una unidad de desarrollo comunitario, y me cambié a esa unidad. Cuando hice ese cambio, me integré más en el trabajo comunitario. Y ahí fue donde encontré mi pasión. Eso es lo que realmente disfruté, trabajando con consejos juveniles y vecinales en desarrollo.

También estaba organizando a los inquilinos, supervisando edificios y desarrollando programas. Ahí es donde me apasioné por hacer esas partes del programa. Mi supervisora, Cindy Colter, fue otra persona que realmente influyó en mí. Fue entonces cuando decidí ir a la escuela de trabajo social, y la organización me apoyó en dejarme ir.

Fue un programa de residencia de un año con un día completo de clases y cuatro días de pasantía en PROMESA. Cuando me gradué con mi maestría en trabajo social de Hunter College con una especialización en organización comunitaria, fui a trabajar a Northern Manhattan Improvement Corporation

(NMIC), la cual encontré a través de un compañero organizador, ya que en esos días no había internet.

TRABAJAR PARA NMIC = COMPLETA

En junio de 1998, comencé en NMIC como directora de servicios sociales. He estado allí desde entonces. Resultó que fui ascendida a subdirectora ejecutiva. En febrero de 2014, me convertí en la directora ejecutiva interina, y luego, en noviembre de 2014, fui nombrada directora ejecutiva. No llegué al NMIC pensando que me iba a quedar allí por veintitrés años, pero ha sido una gran oportunidad para mí de trabajar en mi comunidad, trabajar con muchos dominicanos y realmente retribuir a la comunidad que me crio y me apoyó durante toda mi infancia.

La diversidad del trabajo de programación que estaba haciendo en la comunidad, construyendo esas conexiones y relaciones, me ha mantenido satisfecha. Creo que debido a la diversa composición en la programación que hacemos, siempre estoy aprendiendo y creciendo. Eso es importante para mí, porque no me gusta estar aburrida o sentirme estancada. Ver el impacto que tenemos en la comunidad dominicana también es importante para mí - puedo retribuir a mi gente, que sigue siendo la mayoría de los residentes en Washington Heights y los vecindarios del Bronx a los que servimos.

MACRO TRABAJADORA SOCIAL

Como trabajadora social macro, tengo las habilidades para trabajar en todas las áreas, desde la Administración de servicios para niños (ACS por sus siglas en inglés), hasta trabajar con individuos, hacer terapia, trabajo en grupo o trabajo colectivo, donde buscamos mover la aguja cuando se trata de la ciudad y las comunidades.

Aún más, miro este trabajo: ¿cómo impactamos las políticas que afectan a nuestras comunidades? ¿Cómo hacemos esos grandes cambios que tienen un mayor impacto en más personas? Trabajé en organización comunitaria porque es importante que las personas entiendan y conozcan sus derechos, que sepan que tienen lo que se necesita para lograr cambios. Ya sea que se trate de cambios en sus edificios o en la comunidad, la ciudad, lo que sea, tienen ese poder.

Quiero hacer el tipo de trabajo que impacta a mucha gente, y eso incluye la política. Eso también incluye los presupuestos, porque un presupuesto es un documento moral, y cuando no tienes a tus funcionarios electos o a tu gobierno invirtiendo en las comunidades, entonces debemos ser el colectivo que los empuje a cambiar la forma en que asignan los recursos.

Esa es una gran parte de mi trabajo: responsabilizar a los funcionarios electos por las promesas que hicieron a los miembros de su comunidad y a los electores. ¿Cómo los hago responsables? ¿Cómo me aseguro de aprovechar los recursos que tienen a su disponibilidad y traerlos de vuelta a la comunidad? Lo hago construyendo buenas relaciones de trabajo con ellos. También lo hago siendo adversario cuando tengo que serlo, llamándoles la atención, ya sea en persona, en cartas o en las redes sociales.

LA MARCHA DE LAS NOVIAS

Comenzamos nuestro proyecto de intervención de violencia doméstica debido a tres mujeres que habían sido asesinadas en el vecindario. Comenzamos un programa porque reconocimos que la violencia doméstica era un problema en nuestra comunidad, y no había muchos programas no residenciales para apoyar a los sobrevivientes en sus propias comunidades.

Luego, el 26 de septiembre de 1999, Gladys Ricart fue asesinada por su abusivo exnovio el día de su boda, en su casa de Nueva Jersey, frente a su familia y amigos mientras se tomaba fotos. Fue devastador porque fue un acto de violencia, pero también dividió a la comunidad, con algunas personas diciendo que se lo merecía, y defensores diciendo que fue una víctima y nadie merece ser asesinado.

En ese momento, realizamos una vigilia comunitaria. Nos reunimos con otros proveedores contra la violencia doméstica y fuimos al funeral porque estábamos muy conmovidos por lo que le había sucedido. Continuamos con nuestro trabajo de apoyo a los sobrevivientes hasta 2001, cuando Josie Ashton, de Florida, se acercó al Programa de Intervención contra la Violencia. Quería hacer una marcha desde la casa de Gladys hasta Miami, Florida, en su vestido de novia, para crear conciencia, y en el camino, se quedaría en diferentes refugios de violencia doméstica.

La familia Ricart dio su bendición y la primera Marcha de las Novias tuvo lugar el 26 de septiembre de 2001. La marcha fue organizada por Josie Ashton, la familia Ricart, el Centro de Desarrollo de la Mujer Dominicana (DWDC), Northern

Manhattan Improvement Corporation (NMIC), el Grupo Nacional de Mujeres Dominicanas, la Alianza Nacional Latina para la Eliminación de la Violencia Doméstica y el Programa de Intervención contra la Violencia (VIP).

Comenzamos en la casa de Gladys en Ridgefield, Nueva Jersey, y caminamos todo ese día, hasta Flushing, Queens, donde se iba a casar el día de su asesinato. Para nosotros era importante hacer lo que Gladys habría hecho ese día. Ese fue el mismo momento en que su asesino estaba siendo juzgado.

Se suponía que iba a ser un evento de un día, pero este año se celebró la 21ª Marcha de las Novias en septiembre. Comenzamos en Washington Heights, marchamos hacia el Bronx y terminamos en East Harlem, porque estas siguen siendo comunidades que están muy afectadas por la violencia doméstica y queremos asegurarnos de que los sobrevivientes sepan que no están solos.

La marcha ha crecido de un grupo pequeño de personas el primer año a varios cientos de personas y se ha convertido en un movimiento con marchas en otros sitios: República Dominicana, Rhode Island, Florida, Yonkers y Washington D.C. Incluso mi hijo ha estado involucrado desde que era pequeño y continúa participando hoy. Definitivamente es una forma de continuar creando conciencia y recordar a Gladys, y con los participantes vistiendo trajes de novia, llama la atención de la gente.

SOMOS AGENTES DE CAMBIO

El trabajo que hago se basa en el hecho de que sé que los

trabajadores sociales tienen un impacto. Sé que los trabajadores sociales pueden impactar a las personas, pueden impactar a las familias y también podemos impactar a las comunidades. Somos esos agentes de cambio. Para mí, esto no se trata solo de trabajo. Estoy investida en esto porque lo he vivido. He experimentado el impacto que tenemos. Sé que no estaría en el papel en el que estoy hoy ni podría hacer las cosas que estoy haciendo si no fuera por esos trabajadores sociales.

Creo que para los trabajadores sociales realmente se trata de encontrar lo que te trae alegría y luego asegurarte que lo estás haciendo, porque de lo contrario, te fatigarás. Le digo a cada joven trabajador social o nuevo trabajador social, prueben diferentes cosas en la profesión hasta que encuentren lo que les apasiona, porque incluso cuando uno se cansa, es esa pasión a la cual uno vuelve. Es lo que te mantiene con energía y en la profesión.

Para aquellos que son nuevos al trabajo social, deben construir su red social de personas que los apoyen, pero también necesitan tener profesionales más experimentados que puedan compartir sus experiencias con ustedes, y eso también ayudará a guiarlos. Siempre les digo a los jóvenes trabajadores sociales que tienen la responsabilidad a medida que crecen en este campo de retribuir, porque se trata de reciprocar y levantar a otros trabajadores sociales mientras están en su trayecto.

REFLEXIONES

La pandemia de COVID-19 ha demostrado el importante papel que tiene la profesión de trabajo social en el apoyo a las comunidades. En medio de una pandemia mundial, los trabajadores sociales se han presentado para las comunidades de maneras que la mayoría de la gente ahora reconoce como "esenciales". A medida que miramos hacia el futuro, los trabajadores sociales serán clave en la planificación e implementación de estrategias que moverán a las comunidades que están solo sobreviviendo, a comunidades que están prosperando.

Como profesión, tenemos la responsabilidad no solo de centrarnos en el micro trabajo que afecta a las personas individualmente, sino también en el trabajo macro que cambiará los sistemas, impactando así a las comunidades en general. Soy una orgullosa trabajadora social. Estoy orgullosa de ser parte de una profesión que mira al mundo desde una perspectiva basada en la fuerza y ser parte de una profesión que apoya y se basa en la capacidad de adaptación de su gente y comunidades. No puedo decirlo lo suficiente. Soy una trabajadora social orgullosa.

1. ¿Qué te trae alegría?
2. ¿Qué te ayuda a recargar tu tanque?
3. ¿Qué te mantiene arraigado en tu trabajo?

Spanish Translation by Darena Villalobos

SOBRE EL AUTOR

María Lizardo es una orgullosa dominicana-estadounidense que sirve a su comunidad como directora ejecutiva de Northern Manhattan Improvement Corporation (NMIC), liderando un equipo de casi 150 abogados, educadores, trabajadores sociales, consejeros, organizadores, defensores y voluntarios. Bajo su liderazgo, NMIC atiende cada año a más de 14,000 miembros de la comunidad inmigrante de bajos ingresos, con programas para solucionar sus necesidades de vivienda, migración, finanzas/subsidios, salud, educacionales/laborales y necesidades generales.

Su pasión y talento por la organización amplía su impacto; ella es una defensora líder (@MariaLizardo) en nuestra comunidad, y asegura que nuestra voz colectiva se extienda a la ciudad, el estado y el nivel nacional. Por ejemplo, es una impulsora fundadora de la Marcha de las Novias para abordar la violencia doméstica en la comunidad latina, que ha sido un punto de reunión local durante dos décadas y se expandió hasta Florida y la República Dominicana.

María ha estado orientada al servicio toda su vida, habiendo trabajado en PROMESA, Inc. antes de unirse a NMIC en 1998, donde implementó numerosos programas de inquilinos, jóvenes, espacios abiertos y de seguridad. Obtuvo su título de maestría en trabajo social de la Escuela Silberman de Trabajo Social en Hunter College, y combina su educación con sus experiencias vividas como nativa de Hamilton Heights y Washington Heights. Ella sirve como catalizador para un cambio positivo en las vidas de los miembros de nuestra comunidad inmigrante.

Maria Lizardo
lizardo823@gmail.com
IG: @marializardo702
917-940-0384

AMELIA ORTEGA, LCSW, TCYM

RAÍCES

Desde el comienzo de mi vida aprendí de la precariedad. La precariedad de la presencia, de la individualidad, del dinero, del futuro, de la rabia, de las emociones y de ser atestiguada. Es interesante que el trabajo social es un campo que carga una larga historia de ser un trabajo que opera al borde de la precariedad. Es un campo que nos pide que nos acerquemos a los lugares dentro de nosotros mismos que reflejan la precariedad de la vida, las delicadas y violentas maneras en que los sistemas nos definen y en que la opresión nos ata. Desde el comienzo de mi vida aprendí que el ser visto es tomar un riesgo, es entrarse en la naturaleza precaria de las emociones ajenas, y la volatilidad que existe en la posibilidad del conflicto.

Crecí en un pueblo pequeño en el sur de Rhode Island,

hije de un inmigrante mexicano y una madre blanca. Los años 80 moldearon mi historia profundamente – ya que era une de les poques niñes multirraciales que conocía. A menudo, mi hermano y yo éramos les úniques niñes latines en nuestras clases.

Mi padre, un veterano de la guerra de Vietnam, entendía la precariedad – me pasó algunos de sus entendimientos desde antes que yo fuera lo suficientemente mayor para pasarlos de vuelta. Su vida como carpintero sindicalizado fue una vida en el sol del verano, y en el frío del invierno, construyendo hogares y volcando concreto para negocios. Mi madre, una artista de textiles, terminó el bachillerato profesional de mecanografía en los años 60 y buscó una vida fuera de los traumas multigeneracionales del alcoholismo que su familia le brindó. Para poder compartir una narrativa de mi camino al trabajo social, es necesario para mí, también incluir un reconocimiento de sus caminos. Una gran cantidad de mi propio entendimiento de mí misma, de mi trabajo de sanación, de mi trayectoria laboral son un reflejo de cada une de elles.

Como familia multirracial de clase trabajadora en el área de Nueva Inglaterra, sabíamos mucho colectivamente sobre la precariedad – tanto la manera en el pulso se acelera a causa de un despido masivo y también a causa de la emoción que trae un Cuaderno de Sindicato lleno de estampas para intercambiar en las fiestas.

Como artista, mi madre me brindó mis primeros ejemplos de la ayuda mutua y del anticapitalismo en acción. A menudo la veía aceptar un aventón de otra persona miembra de las reuniones de Al Anon, pasarse los patrones y diseños entre su comunidad de tejedoras, y hacer trueques intercambiando lecciones de tejer por hojaldres con la dueña de la panadería local.

Mi camino al trabajo social ha sido moldeado por los valores de cuidado comunitario y el poder del trabajo colectivo que se me brindaron por medio de mi familia mexicana que emigró a los EE.UU. en los años 50 (una década dura y agotadora de asimilación y supremacía blanca) y por los enfoques creativos de mi madre para abordar sus necesidades de sanación. Ambas partes de mi ascendencia llevan consigo historias de construir literalmente desde los lugares más inciertos, y de las habilidades para navegar la precariedad en la vida diaria, y la guerra literalmente. Estas habilidades están profundamente arraigadas en mi propia historia y en la narrativa de mi camino hacia el trabajo social.

LA JOTERÍA/QUEERNESS COMO CAMINO

A los quince, me asumí jota/queer frente a mi familia y algunas amistades. Era 1995, yo existía en un cuerpo racialmente ambiguo, vivía en un pueblo pequeño, y pasaba por los años iniciales en que los legisladores estatales aprobaban leyes para reconocer y proteger a la juventud LGBTQ. Me asumí Jota en los años después de la epidemia del SIDA y durante un momento poderoso en que el dinero federal del Acta CARE de Ryan White se filtraba poco a poco en los estados del este para financiar programas para juventud LGBTQ. Me uní a la única organización LGBTQ juvenil y encontré un mundo entero esperándome.

Tres veces a la semana, salía de la escuela y tomaba un bus por una hora y media hasta Providence, mientras hacía mis tareas en el camino. Llegaba justo a tiempo para participar en los grupos de apoyo, la merienda, el coqueteo, y, lo más importante, para reunirme con una terapeuta.

Conocí a mi primera trabajadora social a los dieciséis. Era una persona adulta jota/queer que me brindó su tiempo, reconocimiento, recursos, y un camino al futuro. Las sesiones eran un espacio de descanso para mí, y también eran un espacio intenso y generativo para soltar mi tempestad y tristeza interna.

El acoso que enfrentaba de mis compañeres, de algunes maestres, y del director de mi escuela me llevó a estar aislade e hipervigilante. Gracias a mí trabajadora social, pude conectarme con otras personas jóvenes jotas/queer que experimentaban la homofobia en sus escuelas. Me convertí en une vocere, defensore, y organizadore juvenil, y en 1997, fundé la segunda Gay Straight Alliance (Alianza Gay y Hetero) en mi estado – y una vez más conocí el poder que viene de la acción colectiva. Recibí servicios legales Pro-Bono mediante GLAAD (Gay & Lesbian Advocates and Defenders) para enfrentar al director que negó el financiamiento escolar de mi Gay Straight Alliance – y ganamos.

El apoyo de mi trabajadora social, su orientación y consejos, y la forma en que creía en mí, me dieron perspectiva para mi futuro. Su apoyo honraba mi furia y germinó el comienzo de mi carrera en dedicación a apoyar a la comunidad LGBTQ.

Como juventud latina jota/queer, encontré mi sitio con otras personas jóvenes latinas por medio de Youth Pride Inc. donde no se me pedía escoger entre mi identidad jota o racial. En esta comunidad que aceptaba a la gente joven en su totalidad me sentí abrazade. Estos años de organización y construcción comunitaria tempranos me brindaron un nuevo nombre para mí misma: hacedore de cambio social.

Al igual que muches trabajadores sociales, llegué a este trabajo gracias al modelo de mi propia trabajadora social. En el momento de afrontar la pregunta de asistir a la universidad, mi trabajadora social me dijo de la universidad alternativa a la cual ella asistió, y yo apliqué y eventualmente me gradué de la misma institución. El claro enlace hacia el futuro que esta persona adulta me brindó es un componente clave de nuestro trabajo como proveedores de trabajo social.

Llegué al programa de MSW tras varios años de voluntariados y de trabajo como persona joven adulta trabajando en programas para la juventud LGBTQ y espacios organizativos para la juventud jota. Este trabajo es complejo y complicado, y considero que estos momentos de modelar mi propia carrera son joyas que brillan a través del trauma de este trabajo.

MOVIMIENTOS RADICALES COMO MEDIO DE SOBREVIVENCIA

Al examinar mi camino al trabajo social, es fácil identificar los años en que el trabajo en sí me planteaba preguntas importantes de ética, sobre el rol del control del estado en nuestra profesión y la dificultad de lograr cambio social bajo el capitalismo racial. La organización comunitaria y el trabajo crítico de cuidado para las comunidades LGBTQ BIPOC (siglas en inglés que significan: personas indígenas, Negras, y de diversos grupos raciales y étnicos no blancos) a menudo están al margen de los servicios sociales de la cultura dominante. Las comunidades jotas/queer BIPOC han sobrevivido por generaciones gracias a complejas redes de apoyo mutuo, la transmisión de sabiduría intergeneracional, y las prácticas artísticas. Somos una gente brillante y creativa. Somos una red, una telaraña, una serie de familias escogidas, un movimiento por la vida a pesar de la persistencia de la opresión y la muerte – y les trabajadores sociales no siempre lo han entendido. Históricamente les trabajadores sociales han sido cómplices dentro de los sistemas de poder y opresión de la violencia sancionada por el estado. Esto es particularmente cierto cuando examinamos las historias jotas/queer.

Hay mucho poder en el título de trabajadore social, y por muchos años después de la escuela de graduados, realmente no me quería identificar con este título. Coordinadore de servicios, trabajadore de apoyo comunitarie, líder de grupo, y trabajadore de reducción de daños resumen más exactamente mi trabajo que "trabajadore social". Es ahora cuando asumo este título, con una nueva claridad sobre mi capacidad de influenciar el campo.

El trabajo social aporta una historia compleja del síndrome de salvador, de la supremacía blanca, del comportamiento cómplice en la anti negritud y la vigilancia policíaca sobre familias, y de mantener valores clasistas en contra de comunidades de bajos ingresos. Es difícil no ver que estas historias están vivas en todos los nombres, títulos y lenguaje que van con este campo.

Este lenguaje está presente en el currículo nacional de la Maestría de Trabajo Social (MSW por sus siglas en inglés), los estándares de La Junta de Trabajo Social Americano (ASWB por sus siglas en inglés) y en el control que se ejerce sobre el proceso de licenciatura.

La historia de la supremacía blanca es una historia actual – y el negar que esto es el mayor problema que enfrenta nuestra profesión ante su habilidad de crecer y abordar las necesidades de sus prestadores de servicios BIPOC que están en el camino hacia la licenciatura. Para poder asumir plenamente el título de trabajadore social se debe reconocer y asumir los legados que conlleva y ubicarse a une misme dentro de esta historia más amplia.

Como trabajadore social latine, estoy comprometide a nombrar las estructuras que lastiman y que nuestra profesión ha callado por muchas generaciones. Este silencio ha evitado que otras personas latinas se sientan que su experiencia educativa y en el campo de trabajo social se consideren válidas.

La mentoría y el apoyo de otros prestadores de servicios latines y de aquelles que se identifican como jotas/queer han sido claves para poder navegar mi trayectoria laboral. Me gradué del programa de MSW con una red de compañeres estudiantes latines, y desarrollamos esta red por medio de nuestra organización estudiantil latina. Sin embargo, rápidamente nos dimos cuenta de que necesitábamos conocer a personas que estuvieran más adelante en sus carreras, y que tuvieran el interés de abrirnos puertas.

En mi experiencia, no todes les trabajadores sociales de alto nivel tenían interés en abrir puertas; de hecho, a menudo les escuché decir, "fue difícil para mí, ¿por qué debe ser más fácil para la próxima generación?" Estas declaraciones son respuestas al trauma, simplemente declaraciones del ser lastimades que han reducido la capacidad de recursos para algunes individues.

He apoyado a muches clientes a lo largo de los años a utilizar el marco del trauma para entender los daños que se le han hecho a les trabajadores a nivel de entrada, y creo que nombrar las puertas de las que tenemos llaves es la obligación de mi generación – y también apoyar a abrir estas puertas mediante orientación. Podemos entender que las personas lastimadas lastiman a otras personas, y así podemos entender que el sanar a las personas sana a otres. Como trabajadores sociales latines, llevamos generaciones de sanación en nuestros cuerpos, llevamos la sabiduría de la sobrevivencia bajo la supremacía blanca, y el linaje de la fuerza y la creatividad.

Nuestra gente es gente de sobrevivencia en la colectividad. El trabajo social en los Estados Unidos ha profesionalizado muchas habilidades que nuestras familias y culturas de origen saben son efectivas para fortalecer nuestra capacidad para sobrevivir bajo las duras condiciones del capitalismo racial. Como trabajadore social, ya sea que estés en proceso de capacitación o en el campo, te exhorto a examinar las habilidades, capacidades, y conocimiento que llevas en ti, que has recibido, para informar tu práctica.

ECOLOGÍAS DE CUIDADO

Diez años después de graduarme del programa de maestría, me di cuenta de que tenía un interés en la práctica clínica. En el posgrado había seguido mi pasión por el trabajo organizativo como una manera de desarrollar poder en la base para lograr el cambio, y había trabajado por una década directamente en práctica comunitaria con juventud LGBTQ y con adultes jóvenes BIPOC de género no conforme y trans que ya no serían elegibles para recibir cuidado de acogida. Este trabajo fue increíble, alegre, desgarrador, y profundamente enraizado en la creencia que nos necesitamos mutuamente para sobrevivir en las márgenes.

Trabajé en la primera línea de muchos sistemas incluyendo psiquiátricos, carcelarios, de vivienda, y de asistencia pública. La precariedad que crean todos estos sistemas violentos era increíblemente difícil de atestiguar. Cada vez más, cuestionaba el cuidado que les clientes recibían cuando volvían de la terapia, y me contaban que sus terapistas no reconocían el dolor de la violencia sistemática, no tenían lenguaje para nombrar el racismo, o minimizaban el daño que habían sobrevivido durante una hospitalización psiquiátrica.

Me empecé a interesar en hacer una transición del trabajo más amplio de las agencias de servicios a una práctica clínica y me di cuenta de que no tenía ni idea por dónde comenzar. Empecé a pedirle consejos a la gente que tenía licenciatura clínica, y encontré una clínica en mi barrio, y lentamente empecé el proceso de transición a ver clientes individualmente después de meses de apoyo y guía del director de la clínica, un latino joto/queer.

Me tomó seis meses lograr la transición, mientras resolvía cómo pagar por mi propio seguro de salud y gestionaba varios trabajos de medio tiempo para sustentarme mientras trabajaba para acumular mis horas para la licenciatura. Trabajé 3 trabajos mientras acumulaba mis horas, frecuentemente incumplí con los pagos de mi seguro médico y mantenía unos niveles de estrés increíblemente altos. Me sentía motivade a recibir mi licencia y un día poder ofrecer servicios psicoterapéuticos antidepresivos que centran a personas jotas/queer – y el costo de todo esto lo pagó mi cuerpo y mi propia salud mental.

Mi historia NO es única. El proceso de licenciatura se desarrolló de los valores centrales del capitalismo y está predicado en la escasez, el individualismo, y condiciones para trabajar y sanar que son irracionales. Mientras que mi trabajo con clientes se fortalecía, mi propio acceso a bienestar se dificultaba y a menudo no lograba alcanzarlo.

Me golpea el número de prestadores de servicios clínicos que comparten esta historia conmigo, y un nivel desproporcionado son prestadores BIPOC. Gracias a una recolección de fondos comunitaria, pude firmar conjuntamente un contrato de arriendo para poder empezar a ver clientes. Gracias a la recaudación de fondos colectiva y la mentoría de una terapista latina (Leslie García estoy eternamente agradecida), pude imaginar y también apoyar la visión de abrir Amanecer, Feminist Psychotherapy.

Los últimos cuatro años me han demostrado que tan difícil es el camino hacía una autonomía en práctica para les prestadores de servicios clínicos que no se han criado con riqueza (clasista), que tienen mucha deuda estudiantil, y que necesitan acceso a seguro médico consistente (discriminatorio a personas con discapacidad). A cualquier persona que me lo pida, le ofrezco apoyo, instrucción, y transparencia sobre cómo abrir una práctica terapéutica y sustentarse a si misme. Lo que es mío, es nuestro – y no hay victorias en controlar el acceso.

Como persona que se siente profundamente conectada a la naturaleza, entiendo que la densidad en la ecología crea abundancia. Robin Wall Kimmerer escribe acerca del principio de la "cosecha honorable", la idea de que no debemos tomar más de lo que necesitamos. ¿Qué tal si aplicáramos este principio a las estructuras que rodean la prestación del cuidado de la salud mental? ¿Cómo podemos crear lo que llamo nuevas "ecologías de pago", estructuras económicas que apoyen a prestadores de servicios clínicos BIPOC que están en proceso de capacitación (y más allá) por medio de abordar la desigualdad histórica, el uso creativo para que las personas con riqueza compartan/ redistribuyen, y estructuras de pago complejas que piden lo máximo de aquellas personas que lo tienen, y lo más poco de aquellas personas que no?

Como trabajadores sociales tenemos la obligación de continuar imaginando y desmantelar estructuras para determinar qué puede abordar las necesidades de las comunidades en maneras más contemporáneas. Creo que nuestro trabajo como trabajadores sociales es desafiar el estatus quo, y encontrarnos mutuamente en el poder colectivo.

Somos una profesión enorme; trabajamos en todos los

sectores, privados y públicos, y tenemos mucho poder en la cantidad y conocimiento que aportamos a instituciones. Mi esperanza es que veamos el velo levantarse más públicamente en torno a la atención médica, las desigualdades raciales, y la supremacía blanca estructural, que respondamos al llamado a abolir el estado policial – e incluir el reexaminar nuestros papeles en el "cuidado" como un modo adicional de deshacer los daños a los que hemos contribuido por tanto tiempo.

Desde el comienzo de mi camino en esta profesión he tenido la creencia de que debemos cambiar lo que ya no sirve. Mi visión es una visión que incluye a todes – que todes podemos recibir lo que necesitamos sin la creencia de que debemos quitárnoslo mutuamente.

REFLEXIONES

Estamos viviendo en medio de una pandemia global y vemos el impacto creciente de los daños del capitalismo. Simplemente hay mucha evidencia de que nuestros sistemas no funcionan para la mayoría de la gente. Les trabajadores sociales están en la primera línea del colapso de estos sistemas, y también somos impactades por ellos.

Nos recomiendo mucho a cada une de nosotres que encontremos a nuestra gente, que encontremos esas personas con las que podemos construir. Quizás es desarrollar un nuevo programa, un nuevo grupo, una nueva estrategia de cuidado, una nueva política para proteger a les trabajadores, o una nueva unión o sindicato. Nosotres les trabajadores debemos construirlo.

Me emociona contribuir a este libro, con la esperanza de que este capítulo te llegue en el momento indicado, cuando se te encienda una chispa adentro que busca encender e iluminar a otra persona. La pandemia nos ha enseñado lecciones intensas para sobrevivir y el potencial creativo para desarrollar nuevas maneras de conectarnos les unes con les otres. Nos necesitamos mutuamente. Sal y busca a tu gente en este ámbito. Siempre hemos sido y siempre seremos gente de mucho movimiento y visión. Pa'lante, mi gente.

Spanish Translation by chivita espacial - language justice

Notas de traducción - aclaración de lenguaje

1. *En ciertas instancias utilizamos lenguaje de género inclusivo en esta traducción para reconocer e interrumpir las dinámicas de género y de poder que existen en el lenguaje. Utilizamos 'e' en lugar de utilizar 'o' o 'a' para abrir espacio para diversidades de género y para no priorizar el género masculino.*

2. *En esta traducción utilizamos las palabras jota/queer y jotería/queerness. Sabemos que no hay una traducción exacta de queer y queerness en español ya que son palabras con una historia particular en los Estados Unidos. Como personas hispanohablantes de la diáspora de varios países sabemos que hay palabras con sus propias historias y contextos en cada país. Hemos decidido utilizar jota y jotería para honrar la ascendencia mexicana de le autore y los contextos chicanes en los Estados Unidos.*

SOBRE LE AUTORE

Amelia Ortega, LCSW, actualmente trabaja como psicoterapeuta somática, consulture de cambio organizacional, y profesore de práctica de Trabajo Social. Como trabajadore social, Amelia ha dedicado los últimos catorce años a apoyar a adultes jóvenes y familias jotas/queer y trans. Actualmente Amelia trabaja en su práctica radicada en la ciudad de Nueva York, Amanecer Feminist Psychotherapy, y por los últimos nueve años ha trabajado como instructore en la Escuela de Trabajo Social de la Universidad de Columbia. Amelia se especializa en terapias enfocadas en el trauma y en pedagogías conscientes del trauma en el salón de clases. La práctica clínica y pedagógica de Amelia aborda la sanación por medio de experiencias somáticas, EMDR, y su capacitación del Método de Yoga Consciente de Trauma. En el 2019, Amelia fue nombrada como une de les "40 latines menores de 40 de la ciudad de Nueva York" por Negocios Now en honor a su trabajo terapéutico de trauma con la comunidad LGBTQ Latina.

En el 2007 Amelia recibió su Maestría en Trabajo Social de la Escuela de Trabajo Social de la Universidad de Columbia, y comenzó su doctorado de bienestar social en SUNY Buffalo en el otoño del 2021.

Amelia es una persona que escucha profundamente a todo lo que está vivo, cuando no está trabajando, a menudo se encuentra en la naturaleza con pájaros y fauna. Es un fotógrafe, escritore, creadore visual, y naturalista.

Amelia Ortega, LCSW
Amanecer Feminist Psychotherapy
amanecercounselingervices@gmail.com
IG: @feminist_psychotherapy
LinkedIn: amelia-ortega-lcsw

ANDRÉS GOMEZ, MSW

Quería compartir mi historia, la historia de un hombre latino en el campo del trabajo social, con la esperanza de que mis palabras puedan inspirar a futuros latinos a querer ir a donde su corazón les lleve y marcar la diferencia. He aprendido mucho en mi vida y, por lo general, recibí las sabias palabras de una latina para ayudarme a aprender. Estas palabras son en honor a mi esposa, mi abuela, mi madre y mi hija Julia; tres poderosas latinas y ¡una poderosa latina en entrenamiento!

Mi camino hacia el campo del trabajo social comenzó a una edad muy temprana. Fui criado por una madre soltera quien enseñó a sus dos hijos que la educación es un cimiento que no se puede romper. Mi madre nació en Colombia y emigró a los Estados Unidos cuando era apenas una niña. Ingresó a la universidad y obtuvo su maestría en trabajo social en la Universidad de Fordham antes de que yo naciera. Trabajó para la Junta de Educación de Nueva York durante más de treinta años y se jubiló en el año 2017.

Ver a mi propia superheroína de la vida real fue la razón por la que elegí el campo del trabajo social, o algunos podrían decir que la carrera me eligió a mí. Siempre me ha gustado trabajar con gente joven. Al crecer, encontré cargos como entrenador, consejero de campamento en actividades extraescolares o en la iglesia; o en los deportes. Con esto no solo pude ser mi yo auténtico, sino que pude hacer una buena conexión con esos jóvenes y permitir así que fueran ellos mismos.

Mientras continuaba con mi educación, asistí a la universidad y luego ingresé a mi programa de maestría en la Universidad de Stony Brook. Cuando estaba comenzando esta carrera, recuerdo haber preguntado: "¿Cuál es el trabajo más difícil que podría tener un trabajador social?" La respuesta fue trabajar en una agencia de servicios de ayuda familiar. Así fue como, a mis veintidós años, allí estaba, en mi primer trabajo profesional como administrador de casos trabajando con familias en algunos de los vecindarios más complicados de Queens y Brooklyn.

Recuerdo mi primer caso: era una madre de habla hispana a la que le quitaron a su hija adolescente porque la dejó sin supervisión. Me pidieron que trabajara con esta familia porque hablaban español, y la madre temporal expresó su preocupación respecto a que la madre biológica podría ser deshonesta con su propia hija. Me senté allí durante su primera visita después de varios meses. Recuerdo que la madre biológica le dijo a su hija que estaba trabajando duro para que volviera a casa. Me rompió el corazón que esta familia viviera separada. La situación de esta familia me afectó a nivel personal. Vi mi relación con mi propia madre. Luché con la compleja dualidad de mi papel; "Vaya y díganos lo que está pasando" vs. "Apoye a la clienta y defiéndela". Cuando llegué a casa lloré, algo que haría durante los próximos seis meses.

Desde el abuso hasta el abandono, escuchaba historias horribles de familias desintegradas o vidas de jóvenes que cambiaron para siempre como consecuencia de las acciones de un adulto. Me senté allí a veces escuchando estas historias, queriendo arreglar o ayudar a cada familia, pero a veces sintiéndome desesperado. Recuerdo los ojos de cada joven, y ver desaparecer la esperanza y la alegría. Recuerdo haber pensado, ¿cómo puedo ayudar a devolver la esperanza y la alegría a sus ojos?

"SI EL JUEGO ME SACUDE O ME DESTRUYE, ESPERO QUE ME HAGA UN MEJOR HOMBRE".

Como estudiante, la universidad no fue fácil. Hubo obstáculos en la escuela y aprendí lo que era el fracaso. Tuve asesores universitarios que me dijeron que tal vez esto era demasiado difícil y continuaron dándome malos consejos. Me avergonzaba decirle a mi mamá que la escuela no estaba funcionando, pero no sabía qué hacer al respecto. No quería decepcionarla y usé eso como motivación para cambiar las cosas. ¡Finalmente pude graduarme a tiempo!

Apliqué y me aceptaron en la escuela de posgrado mientras trabajaba de tiempo completo en la agencia de servicios de ayuda familiar. Iba a la escuela por la tarde y me comprometí a terminar mi programa en dos años. En la mayoría de mis clases representé a dos grupos minoritarios en el trabajo social: como latino y como hombre. Siempre me preguntaban por mi perspectiva, como si hablara en representación de todos los hombres latinos. Esperaba haber dicho las palabras correctas y no ofender a nadie. Siempre sentí que sobresalía como un inadaptado porque no era como la mayoría de mis compañeros de clase. Ellos me ponían a prueba, pero lo que no sabían era que yo tenía un arma secreta.

No sabían que fui criado por dos humanas súper poderosas que eran mujeres. Tuve la suerte de ser criado por mi madre y mi abuela. Aprendí fuerza, respeto y la poderosa herramienta de superación de la adversidad. Entonces, mientras me ponían a prueba en clase, lo que no sabían era que había estado practicando para eso la mayor parte de mi vida. Tuve la suerte de que mi abuela me viera graduarme con una maestría en trabajo social antes de que falleciera. Estaba agradecido por todas las lecciones y conversaciones con mi abuela. Ella me enseñó el trabajo duro, la resiliencia y la esperanza. Y yo llevaría sus lecciones en conversaciones y en cada interacción que tendría en el futuro.

"SABES MUY BIEN QUIÉN ERES, NO DEJES QUE TE DETENGAN, ALCANZA LAS ESTRELLAS".

Después de obtener mi título, dejé mi trabajo en la agencia de servicios de ayuda familiar, queriendo crear un mayor impacto. Apliqué para trabajar en una pequeña organización sin fines de lucro que comenzó en Nueva York (pero fundada originalmente en Boston). La misión de esta organización era capacitar a los jóvenes para que encontraran su verdadero potencial al prepararse para carreras importantes en negocios y tecnología.

Recuerdo haber visitado el programa durante mi fase de entrevistas y me sorprendió ver tantas caras sonrientes y positivas. Para ser honesto, viniendo de trabajar en el sistema de servicios de ayuda familiar, no estaba acostumbrado a eso. *Este lugar debe ser algún tipo de estafa*, pensé. ¿En qué mundo pueden los estudiantes de algunos de los barrios más complejos de Nueva York prepararse para trabajos a nivel corporativo en Estados Unidos en seis meses? Supongo que en este mundo. Fui contratado para el puesto y comencé mi carrera como trabajador social en un programa de capacitación laboral.

Cuando comencé a reunirme con estudiantes, me di cuenta de que tenían la misma mirada que vi hacía varios años en la agencia de servicios de ayuda familiar. Sabía que sería mi trabajo y mi misión devolver la esperanza y la confianza a esos ojos. Hay tantas opresiones y barreras sistemáticas en nuestra sociedad; el mundo necesita más trabajadores sociales. El mundo necesita más superhéroes.

Mi trabajo era ayudar a eliminar los obstáculos y conectar a los estudiantes con las oportunidades para que pudieran comenzar sus carreras. Un trabajo fácil, ¿verdad? Bueno, lo que aprendí de estos jóvenes fue cuánto trauma habían vivido en sus vidas. Lo que también aprendí fue que estos estudiantes necesitaban tener a un adulto de confianza que los escuchara, que fuera consistente y reconociera el enorme talento que tenían.

No me había dado cuenta en ese momento, pero desde hacía mucho me había estado preparando para este papel. Entonces, los escuché, hice todo lo posible por ser consistente y reconocí que cada increíble persona ya tenía la capacidad de superar cualquier desafío futuro debido a la determinación que ya habían desarrollado. Estudiante tras estudiante, usaría mi humor para hacerles participar, mi empatía para entenderles y mis habilidades de trabajo social para resolver problemas. Los estudiantes comenzaron a abrirse y pude ver como la esperanza volvía a sus ojos. ¡Estaba funcionando!

He trabajado ya trece años en esta organización y todavía recuerdo la historia de casi todos los jóvenes que han cruzado estas puertas. Tengo la bendición de que nuestras vidas se cruzaran, y si, al menos por un corto tiempo, pude ayudar a estos estudiantes a recuperar la esperanza en sus ojos, entonces hice mi trabajo.

MI LEGADO

Al crecer en Nueva York, estaba acostumbrado a moverme todo el tiempo, nunca me detuve a pensar en lo que había hecho o dónde había estado. Este último año me ha hecho pensar aún más no solo en lo valiosa que es la vida, sino también en cuál quiero que sea mi legado. Mi deseo es inspirar a alguien, poner una sonrisa en la cara de alguien o ayudar a devolver la esperanza a los ojos de alguien.

Hace tres años comencé un nuevo puesto que me llevó a dejar la oficina de Nueva York en la que trabajé durante más de diez años. Todo lo que quería era pasar tiempo con los graduados antes de irme. Mi organización organizó un evento después del trabajo y uno tras otro los estudiantes se presentaron. Algunos graduados no habían vuelto a la oficina desde hacía más de diez años. Pasamos un buen rato esa noche, recordando conversaciones y compartiendo historias sobre lo que habían hecho desde que se graduaron. Un par de alumnos me dijeron "gracias" en privado. En el campo del trabajo social, hay momentos en los que ves el impacto que tu trabajo ha tenido de inmediato y muchas más veces en las que no ves el impacto. Esos "gracias" de esa noche fueron el impacto. Vi la esperanza en sus ojos y me sentí bendecido de que nuestros caminos se hubieran cruzado.

Pasé más de diez años aprendiendo cómo ser padre al ver a mis maravillosos estudiantes pasar tiempo completo en la escuela, el trabajo y, para muchos de ellos, la crianza de los hijos de tiempo completo. Cargué a muchos hermosos bebés en mis brazos, mientras sus padres elegían un camino hacia la autosuficiencia. Aprendí de mis alumnos. Durante mi niñez, nunca supe qué era el Día del Padre. Nunca necesitábamos celebrarlo. Como padre primerizo, estoy emocionado de celebrar el Día del Padre con Julia y compartir con ella todo lo que he aprendido observando a mis alumnos.

REFLEXIONES

El trabajo social ha sido una parte importante de mi carrera profesional, y algunos dirían que es una parte de mi identidad. He aprendido mucho durante mi carrera de trabajo social. He reído, llorado y me he sentido inspirado por los increíbles jóvenes a los que he tenido la gran fortuna de servir y apoyar. Ser trabajador social es un trabajo duro. Han sido muchas largas horas, sangre, sudor y lágrimas. Estamos tan concentrados en el dolor de los demás que a veces no entendemos nuestro propio dolor. He sido traumatizado, y todavía me estoy recuperando. Dicho esto, no cambiaría mi profesión por nada del mundo. He aprendido mucho sobre mí mismo y encuentro alegría al ayudar a cambiar la vida de los demás y luchando contra las opresiones sistemáticas en nuestra sociedad.

Para aquellos que estén interesados en ingresar al campo del trabajo social como carrera, les dejo estos tres consejos: #1 Encuentra el puesto o trabajo más difícil que puedas como trabajador social para comenzar. Yo elegí trabajar en una agencia de servicios de ayuda familiar y ahí encontré y aprendí algunas de las lecciones más difíciles. #2 Encuentra mentores. Yo tengo la suerte de haber conocido a muchas personas increíbles en mi carrera, y tres a las que llamo mentores. Cuando me enfrento a muchos desafíos personales y profesionales, siempre pienso en lo que dirían o harían. ¡Gracias Lisette, Gerald y Jon! #3 Siempre pon la máscara de oxígeno en TI primero. Que sea una prioridad cuidarte a ti mismo. Va a ser muy importante que desarrolles hábitos saludables que respalden tu bienestar.

- ¿Quiénes son los superhéroes de tu vida?
- Como dijo una vez un compañero de Queens; "Con gran poder vienen grandes responsabilidades." ¿Qué impacto quieres lograr?
- ¡Encuentra lo que te hace sonreír y hazlo todos los días!

Spanish Translation by Laura A. Alonzo

SOBRE EL AUTOR

Andrés Gómez es el director de inscripciones de Year Up Dallas/Fort Worth. Ha estado en la organización durante más de trece años. En su cargo anterior, se desempeñó como director de servicios estudiantiles, supervisando un equipo de trabajadores sociales que trabajaban para erradicar las barreras estudiantiles. En su función actual, su equipo es responsable de la contratación de más de 250 jóvenes profesionales talentosos para ingresar a la fuerza laboral corporativa cada año. Andrés hace esto trabajando con su equipo, la comunidad de Dallas y Dallas College para encontrar gente con talento. Su mayor logro fue dar la bienvenida a su clase más grande justo en medio de la pandemia.

Andrés recibió su licenciatura y maestría de la Universidad de Stony Brook en Long Island, Nueva York. Al crecer en la ciudad de Nueva York, reconoció que el talento está en todas partes, pero las oportunidades no. Después de trabajar para una agencia de servicios de ayuda familiar, deseaba lograr un impacto más duradero y se unió al programa Year Up en el área de Wall Street en Manhattan.

Andrés se mudó al área de Dallas en 2018. Cuando no está ayudando a cerrar la brecha de oportunidades, Andrés disfruta de los deportes, cocinar, viajar y pasar tiempo con su esposa y su hija recién nacida, Julia.

Andrés Gómez
andgomez913@gmail.com
IG: @Workhardhavefun
23 718.799.6179

EL APRENDIZAJE ES UN VIAJE DE POR VIDA

DRA. EDITH CHAPARRO, PH.D., LCSW-R

LAS PERSONAS QUE MÁS HAN INFLUIDO EN MI

Como estadounidense de primera generación, mi legado es una historia de crecimiento profesional mientras mantengo mi identidad latina. Desde que tengo memoria, siempre me he sentido cómoda ayudando a los demás, preocupándome por los sentimientos de las personas y teniendo empatía hacia ellos. Como resultado, me he convertido en una fuerte y amorosa hija, esposa, hermana, mentora y profesional latina.

Mis cualidades se originaron con mis amorosos padres, quienes pueden no haber sido perfectos, pero me brindaron las lecciones, el amor y el apoyo necesarios para el éxito. Mi viaje no fue fácil. Lidié con la pérdida de familiares a lo largo de mi vida. Mi hermano murió cuando yo era una adolescente y mi padre murió dos años después de mi boda. Experimenté un dolor inmenso y una profunda tristeza por la pérdida de mi hermano y padre. Como resultado de mi dolor, mi vida se vio muy perturbada y ni siquiera podía pensar con claridad. Muchas veces sentí que no estaba tomando las decisiones personales o educativas adecuadas, y esto era frustrante, emocionalmente debilitante y enlentecía mi progreso. Sin embargo, encontré la fuerza para continuar, y mi viaje ciertamente aún no ha terminado.

Mis padres emigraron desde Paraguay, Sudamérica, en la década de 1960, y yo nací en el Bronx, Nueva York, en la década de 1970. Como estadounidense de primera generación, valoro mucho el sacrificio de mis padres para brindarme una vida mejor y oportunidades que no hubieran sido posibles si se hubieran quedado en su país. Después de que mis padres emigraron de Paraguay, sus familiares no los siguieron. Por lo tanto, me crie sin parientes en los Estados Unidos, lo que me dejó sin otra opción que hacer viajes anuales para conectarme con ellos.

Desde niña, he sentido curiosidad por la cultura paraguaya y viajaría a Paraguay para visitar a mi abuela durante las vacaciones de verano de la escuela. Aprendí a hablar español e intenté aprender el idioma nativo paraguayo, el guaraní. Disfruté conociendo a familiares, entablando amistades y estaba especialmente intrigada por la fascinante cultura y su sistema de creencias. Mis recuerdos más maravillosos se establecieron en Paraguay, y extraño mucho a mis primos con quienes tengo una relación cercana.

El vecindario donde me crie carecía de diversidad y era

predominantemente blanco. Mientras asistía a la escuela primaria y secundaria, a menudo me sentía desplazada. Aunque establecí amistades sólidas y duraderas que no eran latinas, siempre tuve curiosidad por tener amistades latinas. No fue hasta que ingresé a la universidad que me encontré con compañeros de clase latina y étnicamente diversos. Me conecté con diferentes compañeros de clase latinos y étnicamente diversos para poder mantener mi identidad latina.

Mi campus universitario no ofrecía a las latinas un sentido de unidad; por lo tanto, en 1997, me uní a tres estudiantes latinas de ideas afines y establecimos la primera organización griega latina en el campus, que todavía prospera hoy. Ser capaz de identificarme con latinas que seguían un sistema de creencias similar me proporcionó una sensación de alianza y comodidad, algo que no experimenté mientras crecía.

Durante mi juventud, mientras asistía a la escuela de pregrado, ingresé voluntariamente a un tratamiento de psicoterapia. Tenía la misión de trabajar para un crecimiento personal antes de comenzar una carrera, una relación seria o tomar decisiones futuras. A lo largo de mi experiencia terapéutica, noté muchos cambios positivos; como concentrarme en mi trabajo escolar, mis calificaciones mejoraron, comencé a establecer amistades significativas y también me di cuenta de que quería ayudar a mi comunidad.

Además de asistir a terapia, me ofrecí como asistente de enlace quirúrgico en un hospital cercano. Con el paso de los meses, noté que los pacientes querían algo más que servicios concretos; necesitaban apoyo emocional. Pude brindar apoyo y ayudar a los pacientes; esto fue inmensamente valioso y me dio una sensación de autorrealización.

La experiencia adquirida al asistir a terapia y ser voluntaria proporcionó la base para convertirme en trabajadora social. Mientras trabajaba como voluntaria, descubrí que estaba aplicando varios valores fundamentales del trabajo social, como la integridad, el servicio y la importancia de las relaciones humanas. Apliqué la capacidad de empoderar a los clientes; Demostré mi compromiso siendo honesta y justa con los clientes, y mejoré el bienestar de los clientes.

Si bien el voluntariado y la terapia proporcionaron una base sólida para el trabajo social, mis padres influyeron mucho en la razón por la que elegí una carrera en trabajo social. Mi difunto padre era médico y dueño de una clínica privada en una comunidad predominantemente latinx durante más de cuarenta años. Siempre lo admiré y soñé con la capacidad de servir a la comunidad Latinx. Observé con entusiasmo sus interacciones con pacientes y miembros de la comunidad; me enseñó fuertes valores como ser responsable, persistente y humilde. Valoro la estrecha relación que tuvimos y desearía poder compartir mis logros actuales con él.

Además de la influencia de mi padre, veo mucho de mi madre en mí. Mi madre es muy amable, de voz suave y ha sido un excelente modelo a seguir. Ella siempre me ha enseñado a ser amable con los demás y ayudar a los que están en necesidad. Recuerdo que para su cumpleaños les pedía a sus amigas que trajeran galletas y regalos para los niños en vez de regalos para ella; donaría las galletas y los regalos a los niños desfavorecidos. Sus frecuentes actos de bondad me han mostrado cómo ser una mejor persona. Las brillantes cualidades de mis padres han contribuido a mi carácter tanto personal como profesionalmente. Mi madre me enseñó a ser agradecido por todo lo que tengo, a ser frugal y a perseguir celosamente mis metas de vida y educación.

Al graduarme con mi maestría en trabajo social, comencé a trabajar en la clínica de mi padre, asesorando a los pacientes. Trabajar en su clínica me brindó la capacidad de conectarme con pacientes, específicamente latinas. Ayudar a los pacientes a identificar y abordar sus problemas emocionales junto con empoderarlos fue realmente gratificante. Además de ayudar a los pacientes, mi primera experiencia laboral me enseñó la importancia de la conciencia cultural. Mis antecedentes culturales y experiencias han reforzado mi aspiración de servir a la comunidad Latinx.

CAMINO AL TRABAJO SOCIAL

Cuando llegó el momento de seleccionar una carrera profesional, mi objetivo era elegir una carrera que me permitiera ayudar a los demás, particularmente en el campo de la salud mental. Mi vecina, una mujer muy sabia, comprensiva y amable, me proporcionó un folleto que cubría diferentes programas de posgrado. Mientras revisaba los diversos programas relacionados con los servicios de salud mental, revisé la descripción del programa de maestría en trabajo social e instantáneamente sentí una conexión. La descripción del programa de trabajo social coincidía exactamente con mis aspiraciones profesionales y, en ese momento, me sentí extremadamente confiada con mi elección. Solicité varios programas y elegí inscribirme en el programa de maestría en trabajo social clínico de la Universidad de Nueva York.

Al graduarme, en mayo de 2003, trabajé en un centro ambulatorio de salud mental, además de trabajar al lado de mi padre, y simultáneamente comencé a estudiar para mi examen de licencia de trabajo social. Sabía que, sin una licencia de trabajo social, no podría obtener un empleo ni trabajar de forma independiente en la práctica privada. Reuní varios libros de texto y recursos y comencé a estudiar diligentemente para mi examen. Mientras completaba los exámenes de práctica, noté que constantemente obtenía el mismo puntaje que no era suficiente para aprobar el examen. Empecé a desarrollar estrategias para tomar exámenes y, en una semana, mi puntuación en los exámenes de práctica aumentó mucho. Me sentí aliviada de que después de varios meses de intenso estudio, finalmente noté una mejora. Programé mi examen, apliqué las estrategias de examen y el conocimiento que había adquirido, y aprobé mi examen con gran éxito.

Poco después, me ofrecieron un puesto clínico en un hospital estatal y también pude operar una práctica privada a tiempo parcial mientras estaba bajo supervisión clínica. Estas oportunidades me hicieron darme cuenta de la importancia de la licencia.

Después de compartir mi experiencia de preparación de exámenes con colegas, me informaron sobre las dificultades que estaban enfrentando para aprobar sus exámenes. De hecho, un colega no tuvo éxito después de varios intentos y se desilusionó, listo para darse por vencido y cambiar de carrera. Me ofrecí a ser su tutora usando las estrategias que había desarrollado. Mi propósito e intención era ayudar a mis compañeros a aprobar sus exámenes. Después de todo, sabía cuánto significaba aprobar el examen de licenciatura y cuánto cambió mi vida profesional.

Con mi ayuda, mis colegas obtuvieron la licencia. Estaban sumamente agradecidos y expresaron que sin mi ayuda no podrían aprobar el examen. Una vez que obtuvieron su licencia, pudieron avanzar en su carrera, acceder a mayores oportunidades de empleo y mejorar su situación financiera.

En esa misma época, una querida amiga y mentora me ayudó a conseguir un puesto de profesor universitario. Al principio estaba tensa y sin confianza; sin embargo, perseveré y tuve éxito como profesor adjunto. Me sentí cómodo y fue gratificante dar una conferencia a mis alumnos. De alguna manera, enseñar y brindar psicoterapia es similar. Ambos tienen conjuntos de habilidades comparables, como: educar a los clientes, escuchar sus necesidades, brindar retroalimentación y empoderarlos para alcanzar sus objetivos. Como resultado, mi formación clínica me permitió convertirme en un educador eficaz.

DONDE ESTOY ACTUALMENTE

Estoy muy agradecida por el tremendo apoyo que

continuamente recibo de mi familia y esposo, que me han permitido alcanzar mis aspiraciones profesionales. Además, una combinación de habilidades, experiencia, perseverancia, integridad y valentía me llevaron a donde estoy hoy profesionalmente. Gracias a mi equipo y experiencias profesionales, desarrollé un programa educativo para ayudar a los trabajadores sociales a aprobar sus exámenes de licencia, y me he dedicado a esta misión durante los últimos 15 años.

Enseñar a los trabajadores sociales a aprobar el examen es solo la mitad del trabajo; Dedico tiempo a escuchar sus pruebas y tribulaciones relacionadas con la aprobación de su examen. He observado e investigado exhaustivamente diferentes factores que pueden estar afectando su capacidad para aprobar el examen de licencia de trabajo social. Sigo aprendiendo constantemente de la multitud de trabajadores sociales con los que me encuentro. Además, soy muy consciente de la diversa población de trabajadores sociales con los que trabajo y de la importancia que tienen en el campo del trabajo social.

Como trabajadora social latina, me considero una educadora y mentora. Mi comunidad profesional está formada por médicos de salud mental, específicamente una población diversa de trabajadores sociales, profesionales latinos y estudiantes de posgrado. Construir una comunidad sólida de latinas con ideas afines crea un efecto dominó que afecta positivamente a quienes más nos necesitan: nuestros clientes y las comunidades a las que servimos.

Mi visión y enfoque es dejar un impacto duradero al

empoderar a los trabajadores sociales y otros profesionales para que alcancen su máximo potencial. Al compartir mi conocimiento y experiencia con las latinas, mi objetivo es convertirlas en profesionales de la salud mental competentes, valientes, feroces y exitosas. Deseo dejar un legado de creación de éxito, oportunidades y ser parte integral de la formación de la próxima generación de mujeres profesionales poderosas.

REFLEXIONES

Cuando comencé mi carrera, el campo del trabajo social no estaba muy bien establecido en términos de licenciatura. Afortunadamente, con el tiempo, el campo del trabajo social ha ganado una enorme cantidad de reconocimiento y respeto. Con una diversidad cada vez mayor, la profesión de trabajo social se ha vuelto fundamental para satisfacer las necesidades de una amplia gama de poblaciones de pacientes. En la actualidad, el campo del trabajo social consiste en ayudar a las personas y las familias a nivel micro y macro, mediante la identificación de injusticias y el trabajo por un cambio social positivo. Además, la salud mental es muy reconocida y se ha aceptado como una parte importante y muy necesaria de la vida diaria. El auge del campo del trabajo social continuará y estoy agradecida de ser testigo de estos cambios positivos y de tener la capacidad de participar en la evolución de la profesión.

1. ¿Qué pasos puedes tomar para formar una alianza con latinas de ideas afines?

2. ¿Cuáles son sus miedos y cómo puede desafiarse a sí mismas para superar estos miedos?

3. ¿Qué decisiones estás tomando ahora que podrían tener un impacto positivo en tu futuro?

Spanish Translation by Jorge Martínez

SOBRE LA AUTORA

La Dra. Edith Chaparro es una trabajadora social clínica licenciada y psicóloga en ejercicio, dedicada a brindar servicios al cliente de la más alta calidad durante los últimos veinte años. Además, es propietaria y creadora del influyente Bootcamp de preparación para el examen de trabajo social, que ha estado ayudando a los trabajadores sociales a nivel nacional a obtener sus licencias profesionales durante los últimos quince años. El trabajo del Dr. Chaparro se ha dedicado a defender y ayudar a comunidades culturalmente diversas tanto a nivel de tratamiento clínico como a nivel académico.

La Dra. Chaparro tiene un doctorado en psicología de consejería de la Universidad de Walden, donde dedicó años a la investigación relacionada con los factores que afectan el desempeño en el examen de licencia. Además, tiene una maestría en trabajo social clínico de la Universidad de Nueva York. Durante su carrera, ha sido practicante privada, supervisora clínica, profesora adjunta, dueña de un negocio y mentora. Actualmente se desempeña como miembro del comité ejecutivo y miembro general del capítulo de la Asociación Nacional de Trabajadores Sociales (NASW)-NYC y se ha desempeñado como presidenta del Comité de Nominaciones de NASW-NYC. La Dra. Chaparro ha ganado numerosos premios a lo largo de su carrera y es invitada regularmente como conferencista invitada en varias universidades y organizaciones reconocidas.

Dr. Edith Chaparro, Ph.D., LCSW-R
socialworkbootcamp@gmail.com
IG: @socialworkexambootcamp
917-683-8601

PERDIDA EN TRANSICIÓN

LUISA LOPEZ, MSW

TRANSICIONES

Una de mis formas favoritas de pensar sobre la profesión de trabajo social es que estamos en el negocio de la "transición". El cambio es difícil; sea cambio de comportamiento, cambio social, cambio institucional o estructural: los trabajadores sociales sirven como intermediarios de transición para individuos, organizaciones y gobiernos—una especie de lubricante que mantiene los engranajes del pacto social bien lubricados. Manejar las transiciones de jóvenes a personas mayores, de la simple tolerancia a la aceptación acogedora, y de la diversidad e inclusión nebulosa a la equidad sólida es algo que requiere cada vez más claridad moral y mental por parte de aquellos de nosotros encargados de encontrar soluciones a los problemas más grandes de nuestra sociedad.

Esta capacidad de avanzar causas, adaptarse, y ayudar a personas a lo largo de sus propias transiciones, ESO es el *superpoder* de una trabajadora social. Estamos encargados de empoderar a personas, organizaciones, y comunidades enteras, y ayudarlos a prosperar en espacios que son frecuentemente inhóspitos.

Sin embargo, la vida puede ser un desafío para todos nosotros, y encontrar el poder de la transición dentro de nosotros mismos es la clave para marcar una diferencia real en la vida de los demás. Desde que empecé mi carrera como trabajadora social que brindaba apoyo a familias de bajos ingresos en la ciudad de Nueva York, hasta ahora como actual presidente de la Coalición de Trabajo Social de Latinos, mi vida hasta ahora ha sido una clase magistral sobre el arte de las transiciones, encontrando mi camino entre desafíos y obstáculos diseñados para poner a prueba mi determinación y mi compromiso de encontrar una versión del éxito que se ajuste a mi vida y al tipo de influencia positiva que quería ser en este mundo.

EL CAOS

Durante mis primeros días como trabajadora social, me encontré con un amplio espectro de personas que aparentemente habían sido sacadas de mi propia experiencia mientras crecía en Washington Heights: madres solteras que vivían por debajo del umbral de la pobreza; hombres jóvenes que luchaban con uso de sustancias; familias inmigrantes enfrentando los desafíos de criar adolescentes en circunstancias completamente diferentes a las de sus países de origen. En todos estos espacios, estaba muy consciente de cómo estas personas contaban conmigo para ayudarlos a atravesar estas transiciones.

Fue en esos primeros días de mi carrera cuando mi esposo y yo fuimos diagnosticados con infertilidad inexplicada. No sabía entonces cuán profundamente me afectaría el aprender que tal vez nunca tendría hijos mi práctica de trabajo social y mi vida. Ser latina en este mundo es llevar conmigo una miríada de expectativas, y ninguna expectativa es más grande o más pesada que la de la fertilidad y la maternidad. ¿Qué significó este giro de los acontecimientos para mí, para mi familia y para mi futuro? ¿Dónde encajo en el paisaje de mi vida si ni siquiera puedo hacer lo más básico que debe hacer una mujer? ¿De qué sirve hacer algo si no habrá un niño al que amar y cuidar durante todo el viaje? Y la pregunta más cruel de todas: ¿qué tipo de giro del destino es estar a cargo del cuidado y el apoyo de su comunidad, pero ser incapaz de crear una familia para cuidar y apoyar? Navegar por estas preguntas durante ese momento en particular fue una de las cosas más difíciles y más desafiantes que he tenido que hacer.

Mi esposo y yo nos sumergimos de cabeza en las turbias aguas del tratamiento de infertilidad. La infertilidad inexplicada viene con el problema adicional de que los médicos no saben exactamente QUÉ tratar o CÓMO; literalmente, no hay explicación para la incapacidad de estar embarazada. Hay poca información o apoyo sobre lo que realmente es la reproducción asistida, y cuando eres una mujer de color, menos aún. El nivel de atención varía según la clínica a la que vas; el nivel de preocupación aumenta dependiendo de cuánto cubre el seguro (o no). Los médicos y enfermeras insisten en la importancia de mantener bajos los niveles de estrés, pero el proceso en sí parece diseñado para mantener los niveles de estrés a un nivel alto. Algunos empleadores son sensibles a los inconvenientes horarios de las citas de monitoreo; en mi caso, no lo fueron, lo que se sumó a las preocupaciones sobre mi trabajo a la ya intensa mezcla. El agotamiento mental y físico son las características de la infertilidad, de los medicamentos inyectables, de las citas diarias, de familiares y amigos que no entendieron (y no intentaron de entender), de los altos costos y la anticipación mensual, y de cada ciclo fallecido. Todo el proceso fue un desafío que parecía insuperable.

Como hija de inmigrantes dominicanos, nacida y criada en circunstancias menos que ideales, nunca hubo un momento en mi vida en que yo esperaba que las cosas fueran fáciles. Recuerdo conversaciones con mi familia cuando era adolescente sobre cosas que otros más privilegiados darían por hecho, cómo elegir una universidad, elegir una carrera o incluso elegir actividades extracurriculares; todos estos planes se llevaron a cabo con el conocimiento de que serían difícil y que hacer lo que era necesario iba ser un desafío. Pero gracias a la fuerza que me dieron mis padres, nunca hubo un momento en el que se me permitiría evitar un desafío debido a la dificultad para llevarlo a cabo.

EL ORDEN

Durante este tiempo, llegué a ver mi empleo como trabajadora social como un salvavidas y como un bálsamo para mi alma inquieta. Encontré un gran placer en llegar a la terminación con un cliente, después de ayudarlo acceder el apoyo que necesitaban; Sentí una radiante oleada de orgullo cuando uno de mis clientes terminó su GED o solicitó con éxito un trabajo permanente. El "trabajo" se convirtió en un espacio crítico donde ayudar a las personas a atravesar las transiciones en sus vidas me permitió el espacio para hacer la transición y adaptarme a la realidad de vivir la vida con la disrupción que es la infertilidad. Gran parte de vivir con infertilidad viene con la sensación de que la vida está "en espera": el universo sigue moviendo la línea hasta la siguiente toma, la próxima cita, la siguiente ecografía o el siguiente ciclo. Mi trabajo era el único lugar donde todo seguía moviéndose, las ruedas giraban y yo podía tener un efecto tangible y positivo en quienes me rodeaban.

A lo largo de mi tiempo en trabajo social, tuve una pasantía de trabajo social en la Coalición de Trabajo Social Latino (la misma organización que dirijo ahora), un a organización que se dedica a aumentar el número de trabajadores sociales cultural y lingüísticamente competentes, y a brindar apoyo de becas a para estudiantes latinos de trabajo social. LSWC me brindó la oportunidad de probar por primera vez la defensa legislativa, presentando la importancia de nuestra misión y cómo abogar en nombre de nuestro programa de becas. Esta fue una extensión natural de mi trabajo con las familias, y donde aprendí el valor de una defensa legislativa poderosa y cómo eso se traduce en un apoyo tangible para aquellos que más lo necesitan. Una vez más, el universo me había colocado en un espacio donde podía gestionar las transiciones de vida de innumerables personas (en este caso, estudiantes de trabajo social), ayudándoles a obtener el apoyo y la asistencia financiera que tanto necesitaban.

LA ARMONÍA

Fue poco después de graduarme de la escuela de trabajo social de NYU que descubrí mi amor por la defensa legislativa y cuán críticamente ese trabajo impactaría mi vida. Mientras trabajaba en el Congreso en Washington, DC, aprendí a reconocer la importancia vital del desarrollo y la implementación de políticas para crear y apoyar el cambio estructural que es tan necesario en las comunidades marginadas, y cómo las decisiones a nivel federal tienen un impacto profundo en cómo se manejan a nivel local los problemas que afectan a nuestras comunidades más vulnerables: como la falta de vivienda, la pobreza, la crisis de opioides y el acceso a la educación y la equidad.

Al mismo tiempo, comencé a dar pequeños pasos hacia lo que se convertiría en una fuerza impulsora en todo mi trabajo: abogar en nombre de las personas afectadas por la infertilidad. Durante mucho tiempo, me había dedicado a defender a los demás, creando y elevando espacios que permitieran a otros alzar la voz para empoderarse a sí mismos y a sus comunidades. No fue hasta entonces que pensé que podría tener el coraje de hablar sobre mis propias luchas, miedos y un profundo sentido de vergüenza y decepción con mi viaje de fertilidad.

Comencé mi abogacía para garantizar el acceso equitativo a todos que sufren de infertilidad y otros problemas reproductivos. La infertilidad es cara: es una pérdida de recursos, de su salud mental, y de autonomía del cuerpo. Hay solo unos pocos espacios para discutir abiertamente estas cosas, y en mayor parte no son accesibles o acogedores para las mujeres de color. Las preguntas sobre la fertilidad en la comunidad latina suelen ser tabú y el estigma es desenfrenado. Algunas personas me decían que me callara, que no hablara, que dejara de compartir, para prevenir que la gente a mi alrededor se sintiera incómoda.

A medida que compartía más y más, me di cuenta de que una vez más tenía la tarea de ayudar a quienes me rodeaban, a los que sufrían en silencio con la transición, esta vez al nebuloso mundo de la infertilidad. No tenía todas las respuestas (los trabajadores sociales nunca las tienen), pero aquí tenía la oportunidad de usar mi propia experiencia para hacerles saber a los demás que no estaban solos. Mi vida profesional y mi vida personal ahora habían cerrado el círculo, y estaba adaptando las habilidades que había usado durante mucho tiempo para ayudar a los demás, ahora también para impulsar mi propio viaje de liderazgo como defensora para promover el cambio social en torno a temas que me afectan profundamente.

En mi trabajo como presidenta de la Coalición de Trabajo Social Latino, he llegado a comprender cuán profundamente conectados están el trabajo social y la abogacía, mientras buscamos promover las causas de la justicia social y la equidad dentro de nuestras comunidades, dentro de nuestra práctica y dentro de nosotros mismos. El valor del trabajo social ha sido evidente para mí a lo largo de todos los desafíos que he enfrentado: desde mi juventud en las calles de mi antiguo vecindario, hasta ser un estudiante en unas de las mejores universidades del mundo, desde navegar mi maestría mientras manejaba mis luchas personales con la identidad y la infertilidad. El trabajo social es el hilo conductor en todos estos espacios y es el hilo conductor que creo que podría ayudar a muchas más personas a lo largo de las transiciones de sus vidas.

Han pasado varios años desde mis aventuras en Washington, y me he enfocado en poner mis habilidades de trabajo social y mi título a trabajar a nivel local, ahora como líder de la Coalición de Trabajo Social Latino. Frecuentemente, yo soy la única trabajadora social en espacios legislativos y considero que es mi deber responder al llamado para considerar las perspectivas de las personas más directamente afectadas a los problemas urgentes de hoy. Glenn Martin famosamente dijo, "los más cercanos al problema son los más cercanos a la solución"; como tal, creo que es el deber de aquellos en la profesión de trabajo social hacer espacio para las mismas personas a las que estamos aquí para apoyar. De la misma manera que continúo presentándome y defendiendo las experiencias de quienes sufren de infertilidad, aportó esa misma pasión, resistencia, y amor a mi trabajo para facilitar la transición de esta poderosa organización hacia el futuro.

¡Es lo que estaba destinada a hacer!

Spanish Translation by Luisa Lopez, MSW

SOBRE LA AUTORA

Luisa Lopez es nativa de la ciudad de Nueva York y actualmente se desempeña como Directora de Trabajo Social y Comunicaciones en el Urban Outreach Center de Nueva York y Presidenta de la Coalición de Trabajo Social Latino y Fondo de Becas. Anteriormente se desempeñó como Directora Digital para la Oficina del Presidente del Condado de Manhattan, Directora de personal en el Consejo Municipal de la Ciudad de Nueva York, y trabajó en la oficina de Washington, DC del ex congresista José E. Serrano enfocada en la falta de viviendas para los jóvenes en el sur del Bronx.

En su carrera, se ha concentrado en abordar los desafíos estructurales mediante la implementación de intervenciones sociales destinadas a lograr un cambio positivo en todos los niveles de gobierno. Además, Luisa se ha convertido en una defensora de la mayor accesibilidad y disponibilidad de la tecnología de reproducción asistida, así como también de la desestigmatización de la infertilidad en las comunidades de color. Como presidenta de la Coalición de Trabajo Social Latino, es una férrea defensora del aumento del número de trabajadores sociales cultural y lingüísticamente competentes que sirven en las comunidades más vulnerables de la ciudad de Nueva York, así como de la importancia que los trabajadores sociales aportan a todas áreas de la vida pública y el compromiso cívico.

Luisa tiene un B.A. en Ciencias Políticas de College of the Holy Cross. Luisa, y obtuvo su Maestría en Trabajo Social en la Silver School of Social Work de New York University.

Luisa Lopez, MSW

luisa@lopeznyc.com

Redes Sociales-

Instagram: @luisalopeznyc

LinkedIn: @Luisalopezny

Twitter: @LopezMSW

PAULA MCMILLAN-PEREZ, LCSW

"Las mujeres bien educadas pocas veces hacen historia"
Eleanor Roosevelt

¿POR QUÉ LA TORTUGA SE ESCONDE EN SU CAPARAZÓN?

Cuando pienso en la palabra 'identidad', uno de los primeros pensamientos que me viene a la mente es cuántos significados esa palabra ha tenido para mí desde la infancia hasta el día de hoy. De niña aprendí la definición porque era una palabra de vocabulario en la escuela, la aprendí para un examen de ortografía y me fue muy bien en los exámenes de ortografía. Esto era algo de lo que estaba orgullosa porque tener un buen desempeño en la escuela era tanto la expectativa como la realidad de ser hijo de un padre caribeño. Mi madre que emigró a este país de la isla de Granada en 1967 sabía que una buena educación abre puertas. Eso fue parte de mi identidad desde que tengo memoria y fue algo que acepté abiertamente. Lo que aprendí en esos días es que la aceptación en otras áreas no sería fácil. En la escuela primaria, me resultaba difícil conectarme con los estudiantes que se parecían a mí. Si soy honesta, realmente no me di cuenta del "por qué" hasta que llegué a la escuela secundaria. Me di cuenta de que me veían diferente porque yo aparentaba diferente, hablaba diferente, vestía diferente, era inteligente y tenía asistencia escolar perfecta. Para mi, eso fue embarazoso.

La escuela primaria pública en el norte del Bronx se sentía como una jungla. Una jungla con asfalto para jugar durante el recreo era una batalla diaria por la última leche con chocolate, y que es difícil de navegar con un pariente inmigrante que trabaja duro para llegar a fin de mes. No tener el mismo acceso que mis compañeros a los últimos calzados, consolas de videojuegos o ropa a la moda era difícil, por encima de además del aspecto cultural.

Pienso que mis compañeros de escuela me marginaban por ser inteligente y hablar con educada, porque la idea era que solo "los blancos" son inteligentes. Me llamaban "Oreo". Me sentía solo y las bromas eran dolorosas. Siempre fueron los mismos insultos: "Suenas como una niña blanca", "Deja de hablar como una niña blanca" o "Crees que eres mejor que nosotros cuando hablas como si fueras blanca". Desafortunadamente, durante este tiempo, las escuelas públicas de El Bronx carecían de recursos en cuanto a libros, consejeros, enriquecimiento asequible y programas extracurriculares que permitieran a los niños tener éxito en niveles más altos. Interioricé esta experiencia porque sentí vergüenza y confusión por qué parecía que esto solo me estaba pasando a mí. Sentí que era menos que por el trato que recibí de los niños. Cuando compartí cómo me sentía con mi madre, como muchas madres, ella me dijo que esto también pasaría. Los sentimientos no pasaron, y todo lo que me quedó fue dolor.

Pensando en retrospectiva, lo que más me dolió fueron otras chicas negras que se burlaron de mi cabello natural que fue trenzado por mi madre o mi hermana. Tener el cabello alisado químicamente te daba (al menos lo que pensaba en mi mente cuando era una niña de escuela primaria) acceso a un club de élite de chicas negras al que desesperadamente quería acceder, pero entre mi cabello natural y mi guardarropa sin marca, nunca pude. Por años ese grupo de chicas decían que la única razón por la que obtuve buenas calificaciones es que "quería ser blanca, por eso hablaba como ellos" o me llamaran "Libro de matemáticas" porque la empresa que fabricaba los libros escolares en ese momento era 'MacMillan Learning', así que mi apellido también fue causa de burlas de mis compañeros.

¿QUÉ CASILLA DEBO MARCAR?

Tenía alrededor de dos amistades cercanas y un puñado de otras que eran más conocidos, pero a medida que avanza el desarrollo humano, deseaba un nivel de aceptación mucho más alto de lo que tenía. También deseaba no sentirme condenada porque hablaba como me enseñaron en casa, o porque era muy curiosa y a menudo buscaba palabras que no entendía. Lo más doloroso fue cuando ayudé a otros que estaban luchando, pero cuando otros compañeros se acercaban, actuaban como si yo no existiera. Algunos de nosotros no tenemos el lenguaje para comunicar estos sentimientos que surgen en nuestros cuerpos ni el sistema de apoyo para ayudarnos a navegar estas construcciones sociales que existen.

Lo interesante de esto (cuando comencé a pensar sobre estas experiencias a medida que crecía) es que cuando era niña no me di cuenta, pero lo que descubrí más tarde es que siempre me sentí cómoda con los estudiantes latinos. Mi mente de escuela primaria reconoció que sentía que podía ser yo misma, porque ellos no me molestaban por mi cabello, y que podía hablar de eso abiertamente. La primera vez que supe de la tienda de artículos de belleza y productos para el cabello texturizado fue gracias a las chicas en la mesa del almuerzo que se identificaron como dominicanas y puertorriqueñas. No me molestaron ni se burlaron de mi forma de hablar, sino que me preguntaron qué significaban ciertas palabras o si algo se pronunciaba correctamente, ya que algunas estaban aprendiendo el idioma por primera vez y no siempre se sentían cómodas preguntándoles a los demás. Fue como si una puerta que nunca supe que existía se abriera para mí porque sentí que finalmente encontré a "mi gente".

A medida que pasaron los años en la escuela intermedia y luego en la escuela secundaria, me di cuenta de que había muchas cosas similares entre la cultura de Granada en la que me crié y las culturas de mis amigos de Puerto Rico y República Dominicana. Teniendo una mamá de la "vieja escuela", no podía ir a las casas de otras personas para visitarlas o dormir fuera de casa. Ella solía decir: "Tienes tu propia casa y tu propia cama para dormir". Tan frustrada como estaba con ese tipo de respuestas, no estaba en un lugar de desarrollo mental para comprender las implicaciones culturales de por qué esto no era tan común como lo era para mis compañeros más "americanizados". Muchos de mis amigos latinos entendieron mi situación y se compadecían de mí. Esto ayudó con los sentimientos de aislamiento social que ocurren cuando un adulto joven comienza a descubrir la individualidad. Crecer en tu identidad puede parecer algo extraño. Ser de la primera generación nacida en los EE. UU. viene con sus propios desafíos que no tienen manual. Incluso si hubiera un manual, sabemos que no hay una talla única para todos, pero mi objetivo era encontrar cosas que pudieran ser comunes, lo que me llevó a una de mis cosas favoritas: ¡La comida!

¿RAZA VS. IDENTIDAD?

No importa el país, el idioma o la cultura, todas las personas se reúnen y comparten historias, risas, alegrías y tristezas sobre un buen plato de comida. En Granada, hay un plato (en realidad es el plato nacional) llamado "Oil Down" que es una deliciosa especie de sopa con de muchos ingredientes incluyendo carne salada, pollo, albóndigas, y verduras, estofado en leche de coco, hierbas y especies para hacer un plato de una sola olla abundante y sabrosa. El plato lleva el nombre de "Oil Down" porque la leche de coco hierve a fuego lento y libera su aceite para darle sabor en la olla. A veces, el proceso de cocinar este plato requiere que muchas manos pongan de su parte para reunir todos los ingredientes, por lo que también es un evento familiar. Esto me recuerda tanto a cuando aprendí cómo hacer Sancocho dominicano, que también se considera un plato nacional; me enseñaron que es un guiso con siete tipos diferentes de carne cocidos servido sobre arroz blanco con aguacate.

El Oil Down se encuentra junto al sancocho como las dos formas en que describo mi identidad en base a estas experiencias porque estos dos platos son representaciones literales y figurativas del crisol en el que vivimos y estamos navegando para encontrar a nuestra gente. Esas piezas conforman una comida sabrosa, que deja al que la prueba satisfecho. Los dos platos son comida que espera a uno en ocasiones especiales con personas especiales mientras compartimos nuestras historias y experiencias. Nuestras identidades, al igual que los chefs en la cocina, crean diferentes sabores de guiso. Lo único que es igual es que la fusión de nuestras identidades crea un crisol delicioso con muchas cosas que ofrecer. Como afrocaribeña que también se identifica como latinx en base a mis amigos que se convirtieron en familia, al casarse con un hombre latinx y si Dios quiere algún día ser madre de un niño latinx, fue especialmente importante para mí poder identificar que nuestra identidad es no solo una cosa ordenada que cabe fácilmente en una caja. Mi alma, mi identidad, y mis valores son demasiado enormes para caber en una caja. La identidad es muchas cosas, es desordenada, es confusa, puede hacerte sentir tanto rechazo como puede hacerte sentir aceptación. Es con qué y con quién te identificas. Sólo tú puedes tomar esa decisión y hacer esa distinción.

A medida que envejecemos (especialmente las mujeres de color) no es fácil acercarse y pedir ayuda o admitir que no podemos hacer algo. Admito que luché con esto y, a veces, sigo haciéndolo, pero una de las pocas cosas de las que estoy seguro en esta vida es que se vuelve mucho más rica y significativa cuando tienes el apoyo de quienes te rodean. No solo para compartirla, sino también para apoyarte o sostenerte cuando te caes, para echarte una mano, para animarte por tus logros, o simplemente para sentarte contigo en silencio para que sepas que no estás sola. Reconozco que hay algunos que tienen toda una red de amigos y familiares que encajan en este molde, y hay algunos tienen solo una persona y otros no se identifican con tener a nadie por diversas razones. Esta es solo una de las muchas cosas que me llevaron a enamorarme de la profesión de trabajo social. Me recuerda a mi amado Oil Down y Sancocho con la mezcla de diferentes ingredientes que crean una mezcla rica y sabrosa que reúne a tantos. Permite la creación de recuerdos sobre estas comidas sabrosas, compartiendo historias, risas, enseñando a las generaciones más jóvenes cómo crear estos platos y observando con el tiempo cómo pueden crearlos ellos mismos mientras mantienen la integridad del plato inicial. Sí, he tenido aceite demasiado seco y sancocho demasiado salado, pero nunca me impidió volver e intentar nuevamente con alimentos que me tocan el alma. De la misma manera que no puedo imaginar lo que sería mi vida en este momento si me hubiera dedicado a otro trabajo. Yo, una niña en la escuela primaria, no lo habría creído porque los primeros consejeros y trabajadores sociales que conocí eran blancos. Yo en la escuela secundaria y yo en la escuela secundaria no éramos muy diferentes. En ese momento no sabía cómo, pero sabía que yo sería alguien diferente. Yo sabía que tenía que ser la diferencia que necesitaba ver en mi comunidad y la persona para aquellos que tenían preguntas que no sabían a quién acudir para obtener respuestas.

REFLEXIONES

Cualquiera que no tenga una comprensión clara del alcance de lo que hace un trabajador social, lo animo a que venga a hablar con nosotros. Háganos preguntas, permítenos asociarnos con usted. Mire las formas en que la pandemia de Covid-19 ha arrojado un enfoque sobre lo que está sucediendo en nuestra nación con respecto a los temas raciales y las comunidades marginadas. NECESITAMOS personas negras, indígenas de color, jóvenes, artistas, activistas, educadores, abogados y miembros de la comunidad que estén comprometidos. Necesitamos personas que se vean y que suenan como nuestra gente haciendo este trabajo, empoderando a otros, elevando comunidades, infundiendo competencia cultural, equidad y justicia social en nuestra práctica. A medida que lea las muchas historias de este libro y conozca fragmentos de la vida y carrera del autor, explore cuáles resuenan con usted y por qué. Explora cuáles son los temas que resuenan contigo en relación con esas experiencias y reflexiona sobre por qué son importantes. Reflexiona sobre todas las maravillosas razones por las que importas.

- Describe qué palabras de aliento podrías decirte a ti mismo cuando joven para apoyarte a través de su proceso de exploración de identidad.

- ¿Cuál es una representación física de su propia identidad que cree que es importante transmitir a las generaciones futuras?

Spanish Translation by Luisa Lopez, MSW

SOBRE LA AUTORA

Paula es una licenciada en trabajo social clínico de ascendencia afrocaribeña y coach personal que se crio en el Bronx, Nueva York. Se graduó en Mount Saint Mary College con especialización en Psicología y Servicios Humanos y obtuvo su maestría en trabajo social de la Universidad Adelphi. También obtuvo una certificación como Entrenadora Profesional del Life Coach Institute. Tiene más de una década de experiencia sirviendo a todos los grupos de edad relacionados con el bienestar infantil, el trabajo social forense, el abuso de sustancias y el trauma.

A través de sus experiencias en la ciudad de Nueva York, vio la necesidad de crear servicios de apoyo más accesibles para personas de color, mujeres y niños, y así nació Personalize Your Coaching, LLC. Su amplia experiencia y conjunto de habilidades como trabajadora social le permitieron entrar en el mundo empresarial totalmente invertida en ayudar a sus clientes y a la próxima generación de profesionales. Asociarse con educadores, individuos y organizaciones para mejorar la confianza, la comunicación y construir mejores relaciones para pasar de sobrevivir a prosperar es de lo que se trata este trabajo A través de entrenamiento individual y grupal, cursos y facilitación de talleres, se asociará con usted para un crecimiento holístico sostenido a través de una lente de bienestar mental donde se pueden alcanzar todas sus metas.

Paula vive en el Bronx con su esposo JR, disfruta de la

fotografía, comer por toda la ciudad de Nueva York, viajar, practicar el cuidado personal, jugar videojuegos y leer cómics.

Paula McMillan-Perez
paula@personalizeyourcoaching.life
IG: personalizeyourcoaching
FB: personalizeyourcoachingllc
347.601.4670

Madrina

CONTRA VIENTO Y MAREA

DRA. ROSA M. GIL, DSW

"Como una trabajadora social, tenemos que integrar la competencia cultural en cualquier dominio del trabajo social."

Al recordar mis años en el campo del trabajo social, debo reconocer la influencia de Paolo Freire, un educador brasileño que fue un pensador brillante. A través de su libro, Pedagogía del Oprimido, que he leído muchas veces, me ayudó a mirar de cerca lo que parece ser la realidad, pero no lo es.

Se centró en los analfabetos, las personas sin poder, para comprender cómo podíamos marcar la diferencia. Toda su estructura teórica se basa en despegar las capas, empoderando al individuo para que descubra quién es él o ella y cuáles son las circunstancias que están afectando su vida. También significa mirar cuáles son sus derechos y estar cómodos, exigiendo que sean reconocidos y respetados.

Freire tiene muy claro el tema de la posición de poder y la posición de estar abajo, y de entender cada posición en la relación. ¿Quién tiene el poder, el terapeuta, el trabajador social o el individuo, y cuándo se le dará al individuo la oportunidad de tener poder cuando está en la posición de abajo? Cuando terminé mi maestría, hice un posgrado en psicoterapia y trabajé algunos años en la práctica privada y más de cincuenta años en puestos ejecutivos y política en las áreas de bienestar social, salud, salud mental, academia y desarrollo económico, Freire ha estado ahí en el trabajo diario, ayudándome a mirar lo que está más allá de la realidad.

CRECER EN CUBA

Crecí en Santiago de Cuba, Cuba, una pequeña isla frente a la costa de Florida que ha sido una espina en el costado de los EE. UU. durante los últimos sesenta y cinco años. La ciudad está en la costa sur, cerca de la Bahía de Guantánamo, y tiene una población de 500.000 habitantes. Tiene un aire de pequeña comunidad y está rodeada de montañas.

Crecí amando jugar afuera y fui a escuelas católicas enseñadas por monjas francesas. Era joven cuando estuve expuesto por primera vez al francés y comencé a aprender inglés y francés. Nuestra sociedad era una en la que la comunicación y la vida giraba alrededor de la familia que era importante y estábamos muy interconectados con amigos y familiares. El familismo era más importante que el individualismo, y tuve mucha suerte de crecer en el mismo hogar con mi abuela.

Mi familia era de clase media. Mi padre nació en España y fue a trabajar a Cuba con sus hermanos cuando tenía doce años.

Perdió a su padre antes de nacer y a su madre al nacer. No tuvo ninguna educación formal. Mi madre también nació en España, y su familia eran inmigrantes que tuvieron una vida dura y de muchas luchas.

DE MÉDICO A SOCIOLOGÍA

Yo tuve la suerte de que tres generaciones viviéramos en nuestro hogar, y recuerdo haber hablado con mi familia en la cena sobre querer elegir la ciencia como el área de concentración para mis estudios secundarios. Quería elegir la ciencia porque me interesaba ser médico. Mi padre dijo: "Las mujeres no son médicas". ¿Conoces a algún doctor que sea mujer?" Seguí con mi elección y finalmente, mi padre le pidió a un médico amigo suyo que me llevara a un quirófano para ver una operación. Solo duré cinco minutos, porque cuando vi toda la sangre, me desmayé.

Resultó que de todas maneras me dediqué a la ciencia, pero con la idea de asistir a la Universidad Villanueva en La Habana para ser psicóloga. Como reflexioné más tarde, estas experiencias me dieron un mecanismo de afrontamiento donde, si tienes una meta y hay barreras en tu camino, no debes renunciar a ella.

CRECER DURANTE UNA REVOLUCIÓN

Luego, en 1952, hubo un golpe de Estado del presidente Fulgencio Batista y se estableció una dictadura militar que restringió la libertad de expresión. Años más tarde, Fidel Castro y sus seguidores iniciaron la Revolución Cubana, y mi ciudad natal de Santiago y la provincia de Oriente se convirtieron en el epicentro de la Revolución.

Recuerdo despertarme en medio de la noche con disparos y tener que esconderme debajo del colchón para evitar las balas en mi casa. Mi habitación daba a la calle, así que teníamos que hacer barricadas todas las noches. Esas fueron experiencias similares a las de mis pacientes puertorriqueños en la clínica de salud mental ambulatoria del Hospital Brookdale en Brownsville, Brooklyn, donde también tenían que bloquear la puerta del apartamento todas las noches para protegerse de los drogadictos.

Tenía solo quince o dieciséis años y apoyaba los principios de justicia social que defendía la revolución de Castro, y me emocionaba escuchar sus discursos sobre equidad y dar a todos los cubanos acceso gratuito a la educación, la atención médica, el empleo y la vivienda.

El proceso revolucionario fue traumático, porque había días que yo salía de mi casa para ir a la escuela y en la vereda veía los cuerpos de muchos jóvenes asesinados por el ejército del dictador Batistiano. Ese fue mi primer encuentro con la muerte de jóvenes que creían profundamente en la justicia social y querían hacer lo mejor por su país, y fueron asesinados porque no pudieron ejercer esos derechos. Eso fue traumático y dejó cicatrices, porque creo que las personas deberían poder expresar sus preocupaciones políticas y abogar por el bien común de la sociedad, sin tener que pagar el precio con sus vidas.

Luego vino una decisión difícil. No pude ir a la Universidad Villanueva en La Habana por la situación política. Terminé yendo a la Universidad de Santiago, y obtuve la licenciatura en sociología, porque en ese momento no se ofrecía psicología. En cierto modo, estudiar a las sociedades me ayudó a poner todo en contexto, lo que yo estaba experimentando como una persona en mi propio país.

UN MODELO A SEGUIR INESPERADO

Fue durante esos primeros dos años de la administración de Fidel Castro que Elena Mederos se convirtió en la primera Ministra de Servicios Sociales en Cuba. Hizo hincapié en el papel de la mujer y el feminismo en la prestación de servicios sociales. Tuvo una posición de privilegio y toda su vida la dedicó a ayudar y comprender a los Cubanos que vivían en la pobreza, carecían de acceso a la salud, la educación, vivienda y el empleo.

Aunque Fidel entró con el concepto de comunismo y socialismo, lo que ella agregó fue una perspectiva diferente, y eso fue lo que hizo una diferencia en mi vida: la perspectiva femenina de la pobreza.

Ella fue uno de los primeros modelos a seguir para mí. Hizo hincapié en que las mujeres aportan algo especial a la sociedad que ha sido socavado y subestimado constantemente, como lo demuestra el hecho de que las mujeres enfrentan los desafíos más difíciles al ser pobres. Ella creía que el mundo sería un mundo mejor si las mujeres fueran elegidas/nombradas para liderar países. Años más tarde fui coautora de *The Maria Paradox*, un libro sobre reparación, sanación, autoestima y auto-empoderamiento de mujeres Latinas, las "Nueva Marianistas", que integra la visión del mundo de Elena Mederos sobre las Latinas poderosas.

Recuerdo claramente su concepto de que si va a haber

justicia para las mujeres, entonces debes hablar de que las mujeres se conviertan en líderes en diferentes campos, como los servicios sociales, la academia, la salud, empresas privadas, la economía y muchos otros. Tenemos que pensar en que las mujeres tengan otras opciones, además de estar en la casa. Lo que ella estaba diciendo es que las mujeres tienen que desempeñar un papel más allá de lo que describe la sociedad, ser esposa y madre solamente.

De hecho, su forma de pensar sobre el papel de la mujer en la sociedad se refleja en mi carrera: he sido la primera trabajadora social Latina en ocupar puestos de liderazgo, como Presidenta de New York Health and Hospital Corporation, el sistema de hospitales públicos más grande del mundo; asesora principal de políticas de salud del alcalde de la ciudad de Nueva York; Administradora de Salud de la Ciudad de Nueva York; Comisionada Adjunta Ejecutiva para Familias y Niños en la Agencia de Recursos Humanos de la Ciudad de Nueva York; Decana de Ciencias de la Universidad de Nueva York y Presidenta de la Junta Directiva del Banco de la Reserva Federal de Nueva York, que es uno de los doce distritos de la Reserva Federal que está a cargo de la política monetaria en los EE. UU.

A LLEGAR A NUEVA YORK

Me sentí terriblemente decepcionada, que la libertad de expresión desapareció en Cuba a medida que avanzaba la Revolución. Probablemente no era lo que Elena Mederos hubiera recomendado, pero me sentí obligada a defender la libertad y la libertad de expresión, y me involucré en algunas actividades contrarrevolucionarias, y pagué el precio, yendo a la cárcel por algunos días. Fue entonces cuando mi padre decidió que era demasiado arriesgado para mí estar en mi Ciudad natal y me puso en un avión para la ciudad de Nueva York con solo la ropa que llevaba puesta y $5 en la cartera.

El vuelo de cuatro horas fue traumático, dejando atrás a familiares y amigos y un país tropical y cálido, sólo para llegar a una tierra donde todo lo que podía ver desde la ventana del avión era un manto de nieve blanca al acercarnos a Nueva York, nada era verde; Yo estaba en shock.

Era una fría noche de enero y descubrí lo que era no tener botas después de una nevada de veinte pulgadas la noche anterior. Mi hermana había sido enviada conmigo, y nuestro tío nos recogió en el aeropuerto y nos dio abrigos para que nos pusiéramos. Este fue el primer encuentro con el proceso de aculturación y aprender nuevas formas, no solo de vestirme, sino también de comportamientos para ser más coherentes con la cultura estadounidense. Tuve experiencia de primera mano con el "estrés de aculturación", como se describe en la literatura de salud mental sobre inmigrantes, y que observo en muchos inmigrantes Latinos en la actualidad.

Estas experiencias hacen que sea más sensitiva a las necesidades de los inmigrantes Latinos de hoy que intentan escapar de las dificultades políticas o económicas. La difícil situación del inmigrante es a menudo una caja de sorpresas que, cuando la abres, encuentras muchas cosas que tal vez no esperabas. Ser una refugiada Cubana en 1961 no fue tan difícil como ser un inmigrante en 2021.

BUSCANDO TRABAJO

Una vez en Nueva York, necesitaba encontrar un trabajo. Tomé el primer trabajo que me ofrecieron: como secretaria. Fue un desafío llegar allí porque tuve que superar mi miedo al metro y estar bajo tierra. En Cuba, la única vez que vas a estar debajo de la tierra es cuando te entierran en el cementerio.

El jefe de la oficina quería que escribiera una carta. Tomó todo el día. Me pagó $25 y nos separamos. Fue un acto de bondad, porque él supo después de una hora que yo no podría hacer el trabajo.

Lo que he aprendido, y es lo que he tratado de trabajar con mis pacientes y en cualquier puesto que he ocupado, es preguntarme: "¿Qué aporto yo a estas situaciones? ¿Cuáles son mis puntos fuertes? ¿Qué es lo que tengo? ¿Cómo puedo mejorar la vida de los demás?" Porque todo ser humano tiene algo de valor.

En mi introspección, reconocí que sabía español. Entonces, busqué lugares donde necesitaran hispanohablantes. Y ahí estaba: una estación de radio y una revista en español buscaban una recepcionista que hablara inglés y español.

Cuando no me aumentaron el salario para igualar el trabajo que estaba haciendo, era hora de buscar otro trabajo. Esta vez era el Comité Internacional de Rescate quien buscaba una recepcionista. Es una organización que ayuda a refugiados de todo el mundo, y rápidamente se convirtió en mi hogar y eventualmente abrió otras oportunidades. Esos me llevaron a Caridades Católicas, que estaba abriendo un centro para refugiados cubanos; y luego al American Council for Emigres, y la oportunidad de obtener mi maestría en Trabajo Social.

PLANIFICACIÓN DE PROGRAMAS DE APRENDIZAJE
OBTUVE

Estudio mi maestría en trabajo social en la Universidad de Fordham y recibí una beca de Caridades Católicas de Brooklyn, donde trabajé después de completar mi maestría. Me pidieron que desarrollara el departamento de adopción. Fue mi primera exposición a la planificación de programas.

Durante mis estudios de maestría, podría haber elegido estudiar la gestión y administración de empresas, pero no sabía que tenía el talento para eso en ese momento. Solo sabía que tenía talento para las relaciones interpersonales, grupales y con los clientes. Me encantó la experiencia en la planificación y administración de programas.

Eventualmente acepté un trabajo en el Centro de Salud Mental Comunitario del Hospital Brookdale, donde dirigí un programa para adolescentes Latinas que era madres solteras. Luego trabajé en la Clínica de salud mental para niños y ofrecía grupos de sicoterapia a las madres. Al ver que la asistencia era baja, hice visitas al hogar de estas familias y descubrí que era porque el horario que había elegido era el mismo que el de la telenovela Novela. Entonces, decidí crear el grupo de madres en su casas para ver la Telenovela juntas y finalmente, pudimos hablar sobre sus propias novelas de sus vidas. La integración de la competencia cultural en la práctica del trabajo social requiere flexibilidad y modificaciones a los modelos que hemos aprendido en nuestras Maestrías y programas de posgrado.

Esta no fue la única vez que aprendí sobre la relevancia

de comprender la cultura del paciente en el tratamiento, donde pueden tener una comprensión diferente de la salud y la enfermedad, así como buscar ayuda para comportamientos que son diferentes a la perspectiva estadounidense. Integré la competencia cultural en mi práctica de trabajo social en los campos clínico, administrativo, política y academia. Esa es una lección para todos los trabajadores sociales.

También necesitaba tener una comprensión y un conocimiento profundos de las políticas económicas, de salud y sociales, así como de la discriminación que creó la pobreza que vi en Brownsville, Brooklyn, Nueva York y que socavó la vida de los clientes Latinos y Afroamericanos con los que trabajé. Fue entonces cuando decidí obtener un doctorado en política, planificación y administración en la Universidad Adelphi, para aprender cómo se crean las políticas sociales en los EE. UU. y usar ese conocimiento como una herramienta para fomentar cambios en las vidas de tantos Latinos y otras comunidades. Aprendí rápidamente sobre el "incrementalismo", el modo preferido para el desarrollo de políticas en los EE. UU., que es bastante diferente de una revolución como la que viví en Cuba.

REFLEXIONES

Mi legado es enfocar los valores culturales con los que crecí, que son la comunidad, la familia, la colaboración y el bien común, y participar de alguna manera en cambiar la sociedad para el bienestar público de todos los ciudadanos, pero particularmente de las comunidades Latinas desatendidas. Es lo opuesto al individualismo y la competitividad, que son la piedra angular de los valores de la sociedad estadounidense.

Creo que algunas de mis contribuciones al bien común incluyen la implementación de atención médica administrada; evitar el cierre del sistema público de hospitales; crear seguros de salud para pequeñas empresas; desarrollar los primeros programas de relevo médico; desarrollar viviendas de apoyo para personas con enfermedades crónicas de bajos ingresos y sin hogar; aumentar las oportunidades de desarrollo económico para los Latinos y las comunidades desatendidas; crear políticas social para que los abuelos y familiares se conviertan en padres adoptivos; creando una exitosa organización basada en la comunidad Latina, Comunilife, Inc; establecer el modelo de enfoque relacional multicultural y desarrollar un programa definido por los valores culturales de la comunidad Latina para reducir el suicidio entre adolescentes Latinas en la ciudad de Nueva York, con el objetivo de convertirse en una práctica basada en evidencia.

Para mí, el trabajo social es una profesión única, basada en la práctica y académica para promover el cambio social, la cohesión social y el empoderamiento y la liberación de las personas. Por lo tanto, es un llamado a la acción para cambiar la realidad social de la comunidad Latinx hoy. Podemos desempeñar un papel fundamental para cambiar las disparidades en el bienestar social, la salud, la salud mental y el bienestar económico de "nuestra gente". Ánimo a los trabajadores sociales a leer la obra influyente de Paulo Freire, *Pedagogía del Oprimido*, el cual es considerado uno de los textos fundamentales del movimiento de la pedagogía crítica.

Spanish Translation by Luisa Lopez, MSW

SOBRE LA AUTORA

La Dra. Rosa M. Gil, Fundadora, Presidenta y Directora Ejecutiva de Comunilife, ha tenido una carrera distinguida en los sectores de salud, salud mental, vivienda de apoyo, servicio social y educación superior de la ciudad de Nueva York. Desde que Comunilife abrió sus puertas en 1989, ha centrado el trabajo en la intersección entre la salud y la vivienda, con el objetivo de abordar los determinantes sociales críticos de la salud y mejorar los resultados de salud de las comunidades desatendidas de la ciudad de Nueva York.

Bajo la dirección del Dr. Gil, Comunilife ha desarrollado más de 2,600 unidades de viviendas asequibles y de apoyo para los residentes más difíciles de alcanzar de la ciudad, las personas sin hogar, los enfermos mentales y las personas que viven con VIH/SIDA y otras condiciones crónicas de salud. Bajo su liderazgo, Comunilife creó *Life is Precious™*, un programa reconocido a nivel nacional para adolescentes Latinas en riesgo de suicidio y también creó el primer Programa de Relevo Médico de la Ciudad de Nueva York.

Recientemente, la Dra. Gil ha sido nombrado miembro del Grupo de Trabajo de Equidad de Vacunas del Estado de Nueva York, así como de muchas otras Comisiones y Juntas federales, estatales y municipales, es la Presidenta de la Junta de Directores del Banco de la Reserva Federal de Nueva York; miembro del Consejo de Prevención del Suicidio del Estado de Nueva York; Comité de la Comunidad de Salud Mental (Departamento de

Salud e Higiene Mental de la Ciudad de Nueva York); Consejo Interagencial sobre Personas sin Hogar del Gobernador del Estado de Nueva York; la Comisión de Instalaciones de Atención Médica en el Siglo XXI (Comisión Berger); y el Panel de Mujeres Minoritarias y Expertas en Salud (Servicios de Salud Pública de EE. UU.). La Dra. Gil es miembro del Grupo de Trabajo de Salud Mental del Centro del Presidente Carter y de la Junta Directiva de EmblemHealth.

La Dra. Gil es una de las fundadoras del Instituto Urbano para la Salud del Comportamiento de la Ciudad de Nueva York, la Comisión Latina sobre el SIDA, la Asociación de Profesionales de Salud Mental Hispanos y 100 Mujeres Hispanas. Ha publicado numerosos artículos sobre salud mental, etnicidad, bienestar infantil y cuestiones de género. Es coautora de Maria Paradox, el primer libro autorizado sobre la autoestima y las mujeres hispanas.

Dr. Rosa M. Gil, DSW
FB: @comunilifeinc
IG: @comunilife
Twitter: @drrosagil

Madrina

MI HISTORIA DE MIGRACIÓN: ESPERANZA Y CICLO DE SANACIÓN

ROSA MARIA BRAMBLE CABALLERO, LCSW-R

"Para los solicitantes de asilo, la lucha viene dada por la migración forzada: "hay una parte de mi que no quiere estar aquí" debido a todo lo que se deja atrás por la persecución."

EL VIAJE: PÉRDIDA Y DUELO

Mi familia luchó por viajar a los Estados Unidos. Mi madre era dueña de un restaurante en Caracas, Venezuela. Cuando tomó la difícil decisión de venir a los Estados Unidos, dejó todo atrás. Mi padre, un electricista, ya se encontraba en New York.

Consistentemente con la cultura Latinx, ella siguió el principio de "seguir al esposo". Habíamos tenido una vida cómoda, vivíamos bien y siempre rodeados de tíos y tías con quienes nos juntábamos los domingos y comíamos *pabellón*, nuestro plato nacional con arroz, frijoles, carne mechada y plátanos. Recuerdo sentir un gran sentido de comunidad y hogar. Pero tuvimos que irnos. Mi padre estaba preocupado por la inestabilidad económica y las interrupciones escolares que tomaron lugar en Venezuela. Los cambios repentinos afectaron a nuestra familia, especialmente a mi madre, quien no solo perdió su estabilidad económica, si no también todo lo que era familiar para ella, especialmente su idioma. El primer año fue traumático para nuestra familia. Mi madre usó todo su dinero que había ganado por su restaurante, para dar la inicial de una casa en Brooklyn, New York. Mis padres fueron víctimas de estafas por inmobiliarias y abogados, y sus $12000 se evaporan. Mientras vivíamos en un cuarto rentado, nuestras joyas fueron robadas. Ya no teníamos nada, solo nosotros mismos.

Las pérdidas y el trauma de la inmigración dejaron a mi madre vulnerable a la depresión, la cual sufrió por el resto del tiempo que estuvo viviendo en New York. Su familia era originaria de Colombia, ella había emigrado a Venezuela, cuando era una niña, donde fue discriminada. Emigrar a los EE. UU. la obligó a revivir el desplazamiento y la sensación de alienación que a menudo experimentan los inmigrantes.

Mientras desarrollamos una red de amigos, el estrés se hizo palpable. En mi familia, el estrés por la inmigración, la pérdida de nuestra familia extendida y el ajuste a la nueva cultura nos separó a todos. Todos estos estresores afectaron especialmente a mi hermano, Antonio, quien sufre de una enfermedad mental. Tonito, como lo llamamos de cariño, falleció debido a esta enfermedad cuando tenía 19 años. Mi hermano Álvaro finalmente regresó a Venezuela debido al trauma de la discriminación racial que experimentó como un joven adulto negro en los EE. UU. Temía que la policía lo matara por el color de su piel. La tensión entre mis padres aumentó y eventualmente los llevó a su separación. Cuando mi padre se fue de la casa, mi madre se rindió por completo. Perdió la esperanza.

LA CHICA BUENA

Una tarde de octubre, cuando yo tenía 14 años, mi madre me anunció que regresaba a Venezuela. Mientras empacaba su maleta, agregó: "Y no voy a volver". De repente, me sentí muy insegura, sola y abandonada. El miedo al abandono se convirtió en un tema en mi vida durante muchos años y moldeó decisiones relacionales posteriores.

Si alguien hubiera llamado a los Servicios de Protección Infantil, mis dos hermanos y yo probablemente nos hubiéramos separado. No estoy segura de cómo habría sido mi vida si eso hubiera ocurrido. Haberme criado en un entorno muy sobreprotector y luego, de repente, no tener padres me dio una libertad mucho más allá de lo normal para esa edad. Salía con mis amigos, faltaba a la escuela y salía con los chicos "geniales" ("cool"). Fui extremadamente ingenua acerca de lo que era ser inteligente en la calle.

Un día, salí con un grupo de amigos de la escuela en un departamento vacío en Queens. Llamaron a la policía y nos llevaron a un tribunal de familia, acusados de allanamiento de morada. En mi ingenuidad, no tenía idea de lo que estaba pasando. Nos llevaron frente a un juez, quien envió a un par de niñas a hogares grupales.

Cuando fue mi turno, me miró y dijo: "No deberías estar aquí... Te estoy dando esta oportunidad de irte a casa porque eres una buena chica y simplemente te juntas con la gente equivocada. Voy a dejarte ir". A veces me pregunto si el juez pudo ver que mi comportamiento era mi forma de conectarme y pertenecer, y que no era mi verdadero yo. ¿Qué hubiera pasado si me hubieran enviado a un hogar grupal y haber experimentado el trauma de una mayor fragmentación familiar? Estoy segura de que mi vida habría tomado un camino muy diferente. Esta experiencia comenzó a moldear mi vida.

En ese momento, a la edad de quince años, mis hermanos y mi hermana sintieron que necesitaba estar con mi madre para que me supervisara y guiara. Me enviaron a vivir con mi madre a Venezuela donde, con el tiempo, construyó una nueva casa y abrió un pequeño restaurante, "El Doral". Estaba feliz de estar con mi madre y admiraba su perseverancia para comenzar de nuevo su vida. Aunque hubo dinámicas familiares desafiantes, volver a Venezuela fue una experiencia muy constructiva. ¡Me volví a conectar con mi país, cultura, familia extendida y amigos, y mi música: salsa! ¡La música y el baile son parte integral de mi vida, y canciones como "Canta Y Se Quita Tu Dolor", "La Vida es un Carnaval" y "Llorarás" simplemente corren por mis venas!

LEGADO DE RESILIENCIA: EL LLAMADO AL TRABAJO SOCIAL

Desafortunadamente, mi educación fue descuidada en Venezuela durante los años críticos de la escuela secundaria. Eventualmente regresé a Nueva York, donde obtuve un GED, asistí a un colegio comunitario y luego me trasladé a Hunter College de la ciudad de Nueva York, donde obtuve mi licenciatura.

En ese momento, mi padre estaba de regreso en mi vida y nuestra relación se volvió muy cercana. Siempre me refiero a él como mi guía espiritual; me enseñó a ser humilde, a no juzgar y a relacionarme con los demás con respeto.

Me di cuenta de que tenía el poder de tomar decisiones para cambiar mi vida y la vida de los demás. Comenzó a surgir en mí el poder de actuar, de dar voz a la injusticia y de organizarse. Mi madre era una gran narradora, y cuando me contó más sobre mi abuela materna, "Mamá Rosa", muchas cosas se unieron para mí. Mi abuela nació en Colombia a principios del siglo XX. Una hermosa negra de pómulos altos, vino junto con mi abuelo, que era un español blanco. Su relación no era la norma y no fue aceptada; eran productos del colonialismo y de una sociedad racista en ese momento.

Mi abuela respondió a las condiciones de pobreza de las comunidades marginadas. Recolectó alimentos y ropa extra que entregó a los necesitados. ¡Era una organizadora comunitaria de corazón! A lo largo de mi carrera, el servicio comunitario, la perseverancia y la actuación comenzaron a tomar forma y se entrelazaron con el legado de resiliencia moldeado por mi abuela y mis antepasados.

Mi trayectoria como trabajadora social comenzó mientras trabajaba como administradora de casos en una guardería, donde la directora del programa, Flo Ceravalo, y mi supervisora inmediata, Robin Williams, ambas trabajadoras sociales clínicas licenciadas, me animaron a considerar la posibilidad de estudiar un posgrado. Mi supervisora me llevó a un centro de prevención de la ACS (Agencia de Servicios para Niños) cercano, donde los trabajadores sociales brindan intervenciones terapéuticas con las familias para prevenir más abuso y negligencia infantil. Me explicó que con un título en trabajo social, podría ayudar a las familias en ese centro. Ella me dijo: "Tú puedes hacerlo. Puedes hacer que suceda."

RECONOCIMIENTO DE MI LIDERAZGO INTERNO

Mi título en trabajo social me dio las herramientas para abordar las necesidades insatisfechas de nuestras comunidades. Desafiarme a mí misma al siguiente nivel me permitió conectarme con la parte de líder sin explotar dentro de mí. En 1998, trabajé para el Centro Infantil de Nueva York en Queens, un distrito que se considera el lugar más diverso de la nación y tal vez del mundo. Un día leí una publicación interna de una agencia que buscaba un director de proyecto para supervisar un programa para satisfacer las necesidades de salud mental de mujeres y niños que viven con el VIH. Aunque no tenía experiencia previa en el desarrollo de programas, redacción de subvenciones o vínculos comunitarios, sentí la necesidad de servir a un nivel macro, abordando la inequidad en el acceso a la atención médica en comunidades marginadas y vulnerables. Me arriesgué.

El desarrollo de un programa, contratación de personal, supervisión, la creación de vínculos comunitarios, redacción de informes mensuales y la asistencia a reuniones comunitarias eran cosas nuevas y desafiantes para mí. El espíritu de equipo fue crucial para brindar servicios de salud mental a clientes que sufrieron trauma, depresión, ansiedad y rechazo familiar debido al VIH. Si bien fue gratificante, el trabajo también trajo consigo la pesadez del dolor, la pérdida y la sanación de la comunidad. Empecé a apreciar la importancia del autocuidado en nuestra profesión, aunque admito que a veces tuvo un costo emocional.

En 2002, coordiné el primer foro comunitario para abordar el impacto del VIH en las latinas titulado "Soy Latina Soy Positiva". Este foro reunió a miembros de la comunidad y epidemiólogos del Hospital Elmhurst para discutir las barreras al tratamiento y dar visibilidad a problemas tales como salud, vivienda y el estigma que rodea al VIH.

Mi mantra se convirtió en "Mi pasión hace acción". Fue en ese sentido que me convertí en co-fundadora de Voces Latinas, una organización dedicada a la prevención del VIH y la violencia en la comunidad latinx. Ya había desarrollado una sólida reputación en la comunidad y, por lo tanto, pude obtener apoyo para la organización. Mis clientas latinas seropositivas al VIH que establecieron una profunda confianza en mí apoyaron a la organización convirtiéndose en miembros de la junta y dando testimonio en un espíritu de concientización, prevención y defensa. Traje el formato psicoeducativo informal utilizado en la prevención del alcohol para crear una intervención estructurada y un marco que cubriera la brecha en los servicios, especialmente porque las tasas de VIH entre las mujeres de color aumentaban a un ritmo alarmante.

LA EMPRENDEDORA

Después de trabajar muchos años en la práctica de una agencia para pacientes ambulatorios, gradualmente comencé mi práctica privada en 2006. Cuando la subvención federal para el programa de salud mental no fue renovada en 2008, tuve que tomar la decisión entre continuar con la práctica de la agencia o sumergirme en la práctica privada a tiempo completo. Esta decisión fue difícil, pero decidí, con la confianza de que mi práctica privada crecería. Recordé vívidamente el primer día después de firmar el contrato de arrendamiento comercial. Entré en pánico y pensé: "¿Qué hice? No puedo hacer que esto suceda".

Tener un nicho es clave para el éxito, porque construyes expertia y eres buscado. Comencé a escribir evaluaciones psicosociales forenses de inmigración cuando un abogado de inmigración de una clínica de servicios legales comunitarios me pidió que sirviera como traductor. Después de adquirir algo de experiencia entrevistando a clientes y escribiendo informes para la clínica, busqué profundizar mis habilidades para escribir estos informes. Tomé capacitaciones ofrecidas por Physicians for Human Rights Asylum Project, donde ahora soy evaluadora.

A menudo me preguntan por qué me centré en este tipo de trabajo, que es exhaustivo al dar testimonio de múltiples historias traumáticas. Con frecuencia se plantean temas de abuso infantil, violencia de pareja íntima, el trauma de la pobreza y la disfunción familiar. Todavía se me saltan las lágrimas al pensar en un hombre latino adulto que gritó: "Solo quería un camioncito para jugar". Como terapeutas, valoramos las dimensiones espirituales de la curación y el crecimiento postraumático. El marco compasivo de Internal Family Systems en la recuperación del trauma me da el lenguaje para dejar que el cliente sepa que puede darse permiso para sanar el trauma transgeneracional, legados y las cargas culturales. Cuando descargamos partes que tienen dolor, vergüenza y creencias negativas, liberamos energía para restaurar la confianza en uno mismo y en el liderazgo autodirigido. Este enfoque ha sido transformador para mis clientes y en mi propia vida personal y profesional.

REFLEXIONES

He abrazado el ciclo de la sanación. A medida que damos testimonio y trabajamos para sanar a otros, también estamos sanando las partes heridas de nosotros mismos. Mi madre tenía antecedentes de trauma y, como resultado, no siempre estuvo disponible para mí. Sin ninguna intervención, el impacto del trauma persistió intergeneracionalmente. Mi madre falleció en septiembre de 2016. Cuando pasamos en caravana por nuestra casa y su restaurante, lloré al honrar lo sobreviviente que era, todas las vidas que tocó y su espíritu de vida. Hizo lo mejor que pudo con las opciones que tenía. Invoco su espíritu emprendedor, "la emprendedora", con los flujos y reflujos como propietaria de un negocio. También puedo apreciar el tiempo que pasamos juntos y nuestro amor mutuo.

El viaje hacia la sanación restaura la esperanza y para los inmigrantes el poder de la sanación comunitaria restaura los sueños, abre oportunidades y conexiones saludables, para ellos, sus hijos y para las generaciones venideras.

Spanish Translation by Lorena Sanchez

SOBRE LA AUTORA

Rosa Maria Bramble Caballero es trabajadora social clínica licenciada bilingüe que se desempeña como fundadora y presidenta de Caballero Counseling Services. Con más de quince años de experiencia clínica, Rosa se ha especializado en la evaluación psicosocial y el tratamiento informado del trauma de poblaciones inmigrantes.

Obtuvo su maestría en trabajo social en Hunter College y completó una capacitación de posgrado en terapia familiar, estudios avanzados de trauma, psicoterapia sensoriomotora y sistemas familiares internos, IFS donde actualmente es miembro del Comité de Diversidad e Inclusión de IFS, con el objetivo de llevar el modelo a la comunidad Latinx. Rosa realiza evaluaciones biopsicosociales forenses para casos de asilo e inmigración, y brinda testimonio experto sobre el trauma y el impacto de la deportación en niños y familias. Frecuentemente, es solicitada como consultora y para colaboraciones en servicios legales y de abogacía, salud materna, violencia de género, menores no acompañados y atención informada sobre trauma.

Rosa se desempeñó como presidenta de la delegación de la Ciudad de Nueva York de la Asociación Nacional de Trabajadores Sociales Puertorriqueños e Hispanos (NAPRHSW), y fue nombrada miembro del Consejo de Planificación del VIH de la Ciudad de Nueva York (2002-2004) por la Oficina del Alcalde Michael Bloomberg. Rosa es profesora adjunta en la Escuela de Trabajo Social de la Universidad de Columbia, donde imparte varios cursos clínicos y prácticos avanzados, incluido un curso sobre tratamiento informado de trauma para solicitantes de asilo e inmigrantes. También se desempeña como miembro de la junta de investigación comunitaria participativa del Proyecto ICI en la Universidad de Columbia y la Universidad de Michigan, donde ayuda a estudiar la colaboración entre los proveedores de servicios de VIH. Fundó Venezuelan Community Support Center, Inc., para abordar las necesidades de los refugiados venezolanos y los sobrevivientes latinos de traumas en todas las etapas de la migración. Rosa es invitada con frecuencia a hablar y facilitar talleres en instituciones académicas, así como en conferencias nacionales e internacionales. Recientemente fue invitada a la cobertura especial de Jorge Ramos del 20º Recuerdo del 11 de septiembre, donde habló sobre su defensa de los trabajadores indocumentados de la Zona Cero. Así mismo, tiene varias publicaciones revisadas por otros expertos que abarcan el rol del intérprete en la psicoterapia, adaptación de intervenciones de trauma en la población inmigrante, VIH, desarrollo de programas, intervención de violencia comunitaria, trauma indirecto y resiliencia.

Rosa ha recibido numerosos honores, incluido el Premio Union Square y el Premio al Servicio Comunitario de la Coalición de Trabajadores Sociales Latinos. Ella es la orgullosa madre de dos increíbles hijos adultos, Jacqueline y John, quienes traen alegría, inspiración y lecciones a su vida. Le gusta la música, hacer ejercicio, viajar, bailar, cocinar y compartir tiempo libre con su hermana Evelyn, familia y amigos.

LA EDUCACIÓN FUE MI CONSTANTE

JESSICA HARDIAL, LCSW, MA

"La educación es la mejor inversión que uno puede hacer en uno mismo."

ALREDEDORES DE LODO

Creciendo en un hogar hispano, presencié y sentí muchas cosas. Mi madre nació y fue criada en la República Dominicana. Ella abandonó la escuela en quinto grado porque sus padres no podían costear sus estudios. Mi papá nació y fue criado en Ecuador. Él abandonó la escuela en sexto grado para ayudar a su padre a trabajar y mantener a su familia. Siendo aún niño se le enseñó que los hombres cuidan a sus familias. Mis padres tuvieron la esperanza que yo terminara la secundaria sin embargo esperaban que yo fuera madre adolecente y que abandonara la escuela.

Ellos constantemente me decían como en sus países la

educación no era una prioridad. Me inculcaron valores que giraban en torno a ser madre y esposa. Desde muy pequeña mi madre definió los roles para mi hermano y para mí. Mi hermano no ayudaba en la casa porque tendría una esposa para hacerlo. Mi madre me enseñó a cocinar, limpiar y mantener un hogar desde los seis años. A ella no le importaba mucho de mis estudios educativos porque quería prepararme para la "vida real" como esposa y madre. Mi padre abusaba físicamente, emocionalmente y mentalmente de mi madre y de mí. El venía de una costumbre donde los hombres mandan en la casa y las mujeres están para servir a sus esposos.

Mi padre fue un machista que siempre estuvo a cargo. Recuerdo la primera vez que vi a mi padre golpear a mi madre. Yo tenía solo cinco años y lo recuerdo como si fuera ayer. Estábamos alistando el carro para ir al parque, pero mi madre olvidó traer el hielo. Él se enojó mucho con ella, le gritó y la golpeó en el oído. Recuerdo la sangre correr por su cara, ella se quedó en silencio y yo me asusté mucho. Cuanto más pasaban los años, mi padre se volvía más agresivo y posesivo sobre mi madre. A ella no se le estaba permitido tener amigos hombres, tampoco usar maquillaje ni compartir con sus hermanas sin autorización. Innumerables fueron las veces que fui testigo de violencia doméstica en mi hogar, mi familia y yo rápidamente nos familiarizamos con el precinto 102 debido a la cantidad de llamadas que hicimos por violencia doméstica.

No entiendo cuando mi amoroso padre, el hombre que yo admiraba, el que yo corría a saludar cuando escuchaba la llave abriendo la puerta, el hombre que me hacía sentir como una princesa y cariñosamente me llamaba "chikita" se tornó en un hombre que me golpeaba tan fuerte y me hacía sentir que no tenía valor. Mi inocencia fue arrancada de repente, sin aviso, sin explicación, dejando solo lágrimas y un vacío. Recuerdo esa mañana como si fuera ayer. No fui a la escuela porque estaba enferma y mi mama me permitió quedarme en casa. Yo estaba recostada en la cama cuando mi padre me llamó a la cocina para que le llevara sus pantuflas que estaban en la otra habitación. Yo me levanté y mi madre me dijo que regresara a la habitación. El continúo llamándome. Yo lo ignoré y eventualmente me quedé dormida. La siguiente mañana cuando desperté, mi padre no me hablaba y supe que estaba enojado. Lo que más deseaba era salir de la casa. Corrí a bañarme, pero fue tarde. Mi padre me detuvo en la puerta del baño y me pidió que me acostara en el suelo sobre la toalla. Yo me asusté, apreté mis ojos fuertemente y contuve mi cuerpo. Antes que la cuerda tocara mi cuerpo empecé a temblar. No recuerdo si fue el miedo o el dolor por los azotes que me hicieron llorar. Mi madre subió corriendo las escaleras a tratar de detenerlo, pero él volcó su rabia contra ella. Recuerdo estar recostada en mi cama llorando mientras la escuchaba gritarle que parara de golpearla. Finalmente se detuvo y se fue a trabajar.

Me convertí en una niña callada y tímida que sufría en silencio. Nadie notaba el abuso físico que yo soportaba, que hacía más grande mi sentimiento de no ser lo suficientemente buena para que alguien lo notara. Con sentimiento de no ser lo suficiente, me esforcé por ser la niña callada y sobresaliente en la escuela. Me esforcé mucho en la escuela para ganar la aprobación de mi padre. En lo más profundo solo quería sentirme lo suficientemente buena para que él estuviera orgulloso. Mi niñez tuvo múltiples realidades. Mis amistades junto con la escuela se convirtieron en un escape a la realidad de mi hogar. Rápidamente la educación se convirtió en mi constante forma de felicidad. Me sentía realizada en la escuela lejos de mi padre que me causaba tanto dolor. En mi hogar tenía que enfrentar la realidad del abuso de mi padre hacia mi madre y hacia mí. Aprendí y utilicé técnicas para no caer en la desesperación. Bloqueaba mi mente durante las discusiones y episodios violentos en mi hogar. Aprendí a controlar mis emociones durante los episodios que me sentía inadecuada.

Durante el abuso que mi madre y yo soportamos, él me hacía sentir que las mujeres no éramos suficientemente inteligentes o suficientemente bellas y que no servíamos para nada. Recuerdo que en la escuela elementaria me esforcé para sacar buenas notas y estudiar mucho para los exámenes semanales. Todas mis notas debían estar firmadas por un padre o guardián para informarles sobre el progreso del estudiante. La primera vez que gane un noventa y ocho en mi examen estaba tan orgullosa de conseguir una nota tan alta que no podía esperar para mostrarle a mis padres. Llegué a casa e inmediatamente le mostré a mi papá. Él se negó a firmarla, me gritó, me ridiculizó y me llamó estúpida por no sacar una nota perfecta. Me traumatice y rápidamente mi dicha se tornó en desilusión, pero mi determinación por ganar su aprobación se elevaba. Él tenía grandes expectativas de mí, me inculcó la necesidad de siempre ganar cien en todos los exámenes.

Cuando conseguía menos de cien sentía rabia y tristeza dentro de mí. Esto lo internalice y se desarrolló en baja autoestima. Hasta el día de hoy soy terrible tomando exámenes. Reconozco que el miedo y la ansiedad asociados con la toma de un examen viene de esto. Algunas veces me gana. Siempre me sentí como una impostora durante mi carrera como trabajadora social. Me tomó muchos años procesar el trauma que experimenté. La ansiedad y el miedo de presentar un examen siempre me hace revivir los traumas de mi niñez.

FLOR DE LOTO

Enfrenté muchos obstáculos mientras perseguía mi carrera en trabajo social. Mi mayor obstáculo fue el dinero. No tenía el privilegio que otros tenían. En la secundaria tuve que trabajar para pagar los costos de mi graduación y de la fiesta porque mis padres no lo podían costear. Mi padre se rehusó a asistir a mi graduación y mi mamá no pudo asistir porque en el trabajo no le dieron el día libre. Ella tenía tres trabajos para poder sustentar los gastos de la casa. Fue un momento agridulce cuando me gradué porque mi mamá no pudo estar allí. Yo estaba muy orgullosa de mí, pero no sabía cómo celebrarme a mí misma. Sabía que era el comienzo de muchas barreras financieras. La presión social era permanente. Simultáneamente estaba experimentando las secuelas de haber salido de la casa de mis padres.

Como un orgulloso miembro de la comunidad LGBTQIA+ declare mi orientación sexual a mi familia a la edad de 15 años. Justo después de mi graduación fui desplazada de mi hogar porque mi padre no aprobó mi orientación sexual. Mi mayor obstáculo fue encontrar un apartamento y trabajar cuarenta y seis horas a la semana mientras atendía tiempo completo en la universidad. No califique para obtener ayuda financiera debido a que mi papa me declaro como depende suyo y se negó a darme su declaración de impuestos. Llore en la oficina de asistencia financiera. Fue un tiempo difícil para mí y no estaba segura si la educación y la meta de mi carrera valían tanta lucha. Me desmoralice y tenía un puntaje de uno punto setenta y cinco. Recibí dos notas perdidas, una nota retirada y un nota D. Quise dejar todos mis estudios y sentí que la escuela no era para mí. Lo pensaba, no podía dormir y actuaba para reducir mi ansiedad. Determinada encendí el computador y me registré para tomar clases, aunque estaba trabajando tiempo completo para sobrevivir. Después de graduarme con mi título de asociado de BMCC, me transferí a Queens College y estudié psicología. Este fue el comienzo de mi camino hacia el trabajo social.

Recuerdo que mi primer trabajo justo después de graduarme con mi licenciatura fue como investigadora de casos en una agencia de adopción. Fui una de cinco latinas en ese ambiente de trabajo. Recuerdo abogar por una niña que hablaba español en mi listo de casos. Mi cliente se rehusaba a tener visitas de su madre y yo abogué por las necesidades de la niña. La mamá se enojó y ordenó una reunión con el supervisor, el director y el defensor de padres para requerir un nuevo trabajador social en el caso. El director del programa simplemente dijo "No tenemos más trabajadores sociales que hablen español porque muchos no se gradúan de la universidad y dejan la escuela para tener muchos hijos." Me sentí sorprendida e indefensa. Todos se quedaron en silencio, pero su microagresión fue clara. Yo revivo en mi mente incontables veces lo que hubiera debido y podido decir pero que no dije.

Como una orgullosa y educada hija de inmigrantes que se identifica como Latina, me he encontrado con múltiples microagresiones y me he sentido discriminada en diferentes ambientes de trabajo. El síndrome del impostor se convirtió en un verdadero desafío para mí en estos años. Me derrumbaba y lloraba y sentía que no era lo suficiente buena. Me distanciaba por días y me silenciaba para recargarme. Aprendí a creer en mí misma y reconocer mi gran esfuerzo. Me convertí en mi propia defensora. Ahora sé que mi propósito es inspirar a otros a creer en ellos mismos sin importar los espinos que los hieren. No me siento como la persona más inteligente del lugar, pero sí sé que soy la más determinada. Aunque todavía soy un trabajo en progreso, soy un loto floreciendo.

LOTO FLORECIDO

He hecho múltiples inversiones en mi vida. He invertido en sanar, aprender y vivir. He amado abiertamente, con orgullo y aunque la libertad es costosa, para mí no tiene precio. La educación fue la llave para mi éxito y aunque tuve miedo a tomar exámenes, hice una inversión en mi misma y continúe el camino para volverme acreditada. Una de las inversiones emocionales más grandes que he hecho fue registrarme para los exámenes de trabajo social. La inversión financiera fue el tiempo de acumular las horas que fue exhaustivo. El proceso de aplicación no fue fácil por las formas, los cobros y la verificación de experiencia. Esto me provocó ansiedad todo antes de tomar el examen. Después de mi inversión financiera estuve orgullosa de PASAR y obtener mi licencia de trabajador social con maestría (LMSW) en el primer intento. El examen para la licencia clínica de trabajador social (LCSW) fue extremadamente difícil, en especial porque fue durante una pandemia global. Después de muchos intentos, sintiéndome sin motivación, ansiosa, con miedo y traumatizada, la inversión emocional valió la pena. Pase y ahora estoy persiguiendo mi doctorado.

Soy la primera generación graduada de secundaria, soy la primera Latina en mi familia que terminó su educación superior y actualmente estoy avanzando hacia mi doctorado. Ser una Latina me ha moldeado personal y profesionalmente de muchas maneras. Me ha impactado personalmente debido a muchos conceptos sociales de lo que debería ser el rol de una mujer. Desafíe las normas de nuestra cultura entre mi familia. Recuerdo a Sarah, mi sobrina con nueve años, diciendo "Quiero ser como tú y perseguir la universidad para poder ayudar a la gente." Me sentí tan orgullosa de servir como un modelo a seguir. Esto es posible. Agradezco los sacrificios de mi madre en cada logro que he obtenido. Mis sobrinas me admiran como mujer, como Latina y como una trabajadora social. Aunque vengo de una cultura donde las mujeres jóvenes no priorizan la educación, yo trace el camino para nuevas generaciones. Estoy plantando semillas para muchas futuras flores de loto.

Creo que cada Latina tiene un motivo por el que se esfuerza a tener éxito. Mi motivo fue sanar mis traumas de la niñez y ayudar a mi madre a salir adelante. Le debo mi éxito a mi madre, Maria. Admiro su fuerza y coraje al emigrar a este país y sobre pasar los obstáculos de violencia entre pareja. La resistencia y determinación de Mami se convirtieron en mis propias cualidades. Nuestros traumas generacionales nos dieron la experiencia para ser fuerzas de la naturaleza. Como trabajadora clínica social, practico valores centrales de integridad, servicio, competencia, justicia social y la importancia de las relaciones humanas. La dignidad y el valor de una persona son los valores centrales más importantes que se deben practicar. Mediante mi viaje personal, aprendí el significado de usar la perspectiva basada en la fortaleza de cada individuo para ayudarles a triunfar. En mi práctica reconozco mi privilegio y posición de poder y la usó para defender y no para hacer daño, como ya la sociedad les ha causado gran opresión. Mediante mis traumas de la niñez y mis sentimientos de impotencia, aprendí a navegar y sanar. Esto me permitió entender mi propósito de apoyar a niños y adolescentes que también se sienten impotentes. Yo apoyo a los adolescentes con sus sentimientos de soledad, ansiedad, depresión, desesperación y aislamiento. Ayudo a las familias y adolescentes a comunicarse sin juicio para apoyar el proceso de sanación utilizando una perspectiva informada por el trauma. Mis propias luchas me ayudaron a entender las dinámicas del trabajo intrafamiliar.

De lo que yo más orgullosa me siento es de mi humildad.

Mi madre siempre me enseño que no importa lo exitosa y bien que esté, siempre hay que recordar de dónde vengo y devolverle a mi comunidad. Yo doy a mi comunidad enseñando y guiando estudiantes como profesora de la universidad y como instructora de SIFI. ¡A pesar de mis muchos obstáculos, lo hice! Me encantaría ver más hermosas Latinas hacerlo también y espero que mi historia las inspire a no rendirse.

REFLEXIONES

El trabajo social es muy importante por lo que representa, trabajo para mejorar la vida de otros. Pienso que yo no escogí el trabajo social, él me escogió a mí. Desde una temprana edad supe que quería hacer una diferencia en el mundo, pero no sabía cómo. Me tomó tiempo entender mi propósito en la vida. Quiero que reflexiones en:

1. ¿Qué te trajo al trabajo social?
2. ¿Qué te motiva?
3. ¿Cuál es tu propósito?

Una vez que puedas responder estas preguntas, podrás cumplir tu propósito. Habrá muchos obstáculos en tu camino, pero mantente fiel a tu propósito y superarás los obstáculos. Recuerda el por qué y tendrás éxito.

Spanish Translation by Jessica Hardial, LCSW, MA

SOBRE LA AUTORA

Jessica Hardial es una trabajadora social clínica bilingüe que tiene más de diez años de experiencia en trabajo social. Ella recibió su título de asociado en Artes Liberales de CUNY Borough of Manhattan Community College en el año 2011, luego su licenciatura en Psicología y Sociología con especialización en Servicios Estudiantiles y Consejería de CUNY Queens College en el año 2013. Poco después, ella recibió su maestría en Trabajo Social de la Universidad de Fordham en el año 2016. Jessica complete su segunda maestría en Desarrollo Humano de la Universidad Fielding en el año 2021. Jessica Hardial es trabajadora social en el Departamento de Educación de la Ciudad de Nueva York, profesora de Universidad en SUNY Old Westbury, y estudiante de doctora en filosofía en la Universidad Fielding. Jessica tiene un consultorio privado (Blossoming Lotus Therapy- Terapia del Loto Floreciente) donde su equipo se especializa en niños, adolescentes, adultos jóvenes y sus familias. Le apasiona trabajar con miembros de la comunidad LGBTQIA+ y sus familias, la población de crianza y adopción y los hijos de inmigrantes. Jessica y su equipo se especializan en temas relacionados con el trauma, la ansiedad y los conflictos familiares utilizando un enfoque de orientación somática. Jessica continúa mejorando la profesión de trabajo social al brindar supervisión a estudiantes graduados y estudiantes de posgrado para mejorar sus habilidades clínicas en su campo de práctica.

Jessica Hardial, MA, LCSW
jessicahardiallcsw@gmail.com,
jessicahardial.com
IG: jessicahardiallcsw

MARIA E. ORTIZ, M.A., LMSW

Más de una vez me dijeron que debía escribir mi historia. En voz baja, pensaba: ¿Yo? Yo no tengo mucho que escribir sobre mi comparado con las historias que escucho frecuentemente. En mi interior creía más probable repetir el ciclo de pobreza debido a la vida que tenía de niña. Nadie podía imaginar o esperar que una niña que creció en los proyectos de la ciudad de Nueva York podría obtener dos maestrías, que me convertiría en Trabajadora Social con licencia, que sería Co-Presidente del Comité de Vivienda, Salud y Servicios Humanos del Distrito #4 de Manhattan que representa el vecindario donde crecí y que viviría en un edificio de lujo en el mismo vecindario, Chelsea y Hell's Kitchen.

ACTOS DE SERVICIO

Mi madre, mi hermano y yo vivíamos en Hell's Kitchen en

la calle 50 entre las avenidas 10 y 11, en un edificio sin ascensor en el segundo nivel, donde el pasillo para llegar al apartamento de una habitación era extremadamente estrecho. La bañera estaba en la cocina, junto a una ventana que daba a nuestro vecino. El baño no tenía lavamanos, pero tenía un inodoro de cadena de tanque alto anticuado. El propietario fue indulgente y empático; él comprendió que mi madre no siempre podía pagarle el alquiler mensual.

Cuando vives en la pobreza, no siempre puedes comprar cosas básicas como papel higiénico o pasta de dientes. En mi familia muchas veces tuvimos que prescindir de esos productos. También, hay ocasiones en las que no tienes suficiente comida. Una de las formas de conseguir alimentos es ofrecerte como voluntario (a) en una despensa de alimentos gratis. Así que nosotros lo hicimos a menudo. Nos ofrecíamos como voluntarios en dos iglesias de la comunidad para empacar alimentos, y muchas veces nos quedamos para ayudar en la distribución. Aun cuando no teníamos mucho, había cosas que podíamos hacer para ayudar a los demás.

Después de obtener mi licenciatura en Trabajo Social, solicité trabajo en Rheedlan Place, una organización sin fines de lucro con oficinas en Hell's Kitchen. Hoy en día, se les conoce como la Zona Infantil de Harlem y ya no tienen oficinas en Midtown. Cuando era niña, nuestra familia recibió ayuda de esa organización. Me alegraba cada vez que un Trabajador Social iba a nuestra casa a concertar reuniones familiares, escucharme y hacerme sentir que había un lugar seguro al que yo podía acudir en la comunidad y que mi madre confiaba. Ayudar a otros permaneció conmigo, alimento mi alma y sentí la necesidad de ayudar a otras familias en mi comunidad. Sentí una profunda alegría cuando me ofrecí como voluntaria en un refugio para familias con niños pequeños ubicada en la mitad de Manhattan cerca del Lincoln Tunnel.

El trabajo voluntario para mi comunidad no termina ahí. Soy voluntaria en cada una de las escuelas que asiste mi hijo, y soy parte de grupos de padres de familia. Servir a los demás ayuda aprender de una manera sutil o directa de las experiencias de los demás que tal vez yo nunca las viva. He tenido la suerte de escuchar ocasionalmente, como mi deseo innato de ayudar a impactar en forma positiva a otros.

SER UNA MUJER DE COLOR

Con el paso de los años, ya en mediana edad, voy asumiendo posiciones de liderazgo, y me doy cuenta de que en mi círculo profesional no estoy rodeada de mujeres y hombres de color, con la excepción de formar parte del Capítulo de NASW-NYC.

En 2014, me convertí en miembro del Distrito Comunitario #4. Después de un tiempo corto, considere renunciar. En ese momento, sentí que asistir a tres reuniones al mes era una carga para mi. No es fácil tener la responsabilidad de un niño pequeño siendo madre soltera, pero me mantuve comprometida en el distrito. Mi decisión de quedarme ha sido en parte por mi deseo de contribuir a mi comunidad, en parte porque sentí la obligación de estar ahí. De cincuenta personas, yo era una de diez mujeres y una de cinco personas de color.

Además, algunos miembros del distrito, vivieron por corto tiempo en la comunidad, sin embargo tomaron decisiones que nos han afectado a todos, y esa es la comunidad donde nací y crecí y donde ahora estoy criando a mi hijo. Pensé y sigo pensando que es importante seguir involucrada en la directiva de ese distrito porque mi voz necesita ser escuchada.

Aun siendo miembro activo de la junta directiva de mi distrito comunitario, decidí agregar más responsabilidades a mi vida. Me uní a la Asociación de Padres y Maestros de la escuela primaria de mi hijo, y al Consejo Asesor del hospital local. En ambos grupos, noté que no había muchas personas de color. De igual manera es el mismo patrón de cuando trabajé para la ciudad de Nueva York. La mayoría de las personas en puestos de liderazgo carecían de diversidad.

Crecer en la ciudad de Nueva York en Midtown Manhattan en los años ochenta significó que había mucha diversidad étnica y la mayoría de las familias tenían niveles de ingresos bajos o medios. Sin embargo, nuestra familia luchó contra la pobreza. Independientemente, tuve maestros que creyeron en mí. Tuve una maestra que fue extremadamente generosa y amable con nuestra familia de muchas maneras, pero cuando me convertí en adulta, me di cuenta de que ella no vio todo el potencial que yo tenía. Mientras estaba en la escuela secundaria.

A mí me interesaba la ciencia, la psicología, y la psicología anormal, pero mi maestra nunca me sugirió que sería más que una azafata de avión. Creo que en parte se debió a que soy Latina, y el hogar de donde yo venía era un hogar liderado por una madre en recuperación del abuso de alcohol, quien luchaba contra la depresión y la pobreza.

Mientras estaba en la escuela secundaria, esta maestra sugirió que podría convertirme en azafata de avión. En ese momento pensé que era una buena idea aunque no me interesaba esa carrera. Estaba interesado en la ciencia, la psicología y la psicología anormal, pero esta maestra nunca sugirió ser más que una azafata de avión. Creo que parte de esto se debió a que soy latina y el hogar de donde vengo: un hogar monoparental liderado por latinas con una madre en recuperación del abuso del alcohol, luchando contra la depresión, viviendo en la pobreza.

CONSECUENCIAS NO DESEADAS

El trauma de la pobreza afectó mi autoestima. Las personas en mi vida a las que valoraba profundamente no podían imaginarme viviendo bien y convirtiéndome en una profesional. Sin lugar a dudas, mi sentido de identidad también se vio afectado por la decisión de mi padre de no involucrarse, por ser sexualmente molestada, y por las luchas personales de mi madre. ¿Cómo podría ver mi propio valor cuando indirectamente muchos a mi alrededor no lo veían? profesional de carrera. Sin lugar a dudas, mi sentido de identidad también se vio afectado por la decisión de mi padre de no involucrarse, por ser abusado y por las luchas personales de mi madre. ¿Cómo podría ver mi propio valor cuando muchos a mi alrededor no lo veían, aunque fuera indirectamente?

Una vez trabajando en Rheedlan Place, me ofrecieron un

puesto de Administradora de Casos, pero rechacé la oferta. No me sentí preparada en hacer ese trabajo. Me sentía más cómoda estando con niños, así que trabajé en el programa extracurricular. De igual manera, después de un tiempo trabajando en la unidad de bienestar infantil de la Administración de Servicios para Niños y Familias de la ciudad de Nueva York, pude haber solicitado ser supervisora, pero no lo hice. El miedo se apoderó de mí nuevamente. Tenía el tiempo, los conocimientos, y un título de posgrado, pero use a mi hijo como excusa para no postularme. ¿Cómo podría yo ser suficientemente buena como supervisora? Estos sentimientos de inseguridad también salieron a la superficie cuando solicite diferentes puestos y no me ofrecieron el puesto. Sucedía en mi un diálogo negativo interno que muchos como yo experimentamos.

También experimenté un período en el que todo el voluntariado me estaba pasando factura. No supe decir que no. Me sentí obligado a hacer y dar mi tiempo. Al final me sentía exhausta. También resultaba agotador ser una de las pocas personas de color en muchos espacios. Sentía la responsabilidad de tener que hablar por mujeres, latinos o padres solteros.

SE NECESITA UN PUEBLO

Mi vida fue más estable cuando mi madre recibía ayuda de otras personas. Cuando yo tenía menos de diez años, mi madre asistió a Alcohólicos Anónimos (AA) y fue parte de un programa de tratamiento diurno en el que también recibió asesoramiento para afrontar la depresión. Tengo fotos mías de hace unos tres o cuatro años, asistiendo a AA con ella. Recuerdo que fue divertido; Yo era la única niña presente, por lo que recibía bocadillos y mucha atención adulta positiva.

Mi madre se abstuvo del alcohol durante unos diez años y durante ese tiempo luchó intermitentemente contra la depresión. Mi abuela y el lado materno de la familia se acercaron para ayudar durante estos momentos. Recuerdo estar con mi hermano en la casa de mi abuela en los proyectos en Chelsea o estar en el Bronx en la casa de mi pariente en Castle Hill. Incluso recuerdo que tenía unos diez o doce años y me escapé de casa a la casa de mi familia en el Bronx. Por supuesto, llamaron a mi madre de inmediato y tuve que volver a casa al día siguiente. Sin embargo, esos tiempos fueron buenos recuerdos para mí.

También teníamos a Buelah, la vecina de al lado que podíamos ver desde la bañera de nuestra cocina hasta su cocina, que a veces nos daba cosas. Tengo una foto de Pascua en la que me veo muy feliz con un vestido nuevo de Pascua, uno que ella me compró. En ese momento, asistí a la Escuela del Sagrado Corazón y tenía dos maestros allí que ayudaron a nuestra familia con cosas tangibles, brindaron a mi madre un oído atento y apoyo para llevarnos a la escuela donde mi hermano y yo asistimos con una beca.

Parte del espacio de las instalaciones del Sagrado Corazón era Rheedlan Place. Teníamos un trabajador social autorizado de Rheedlan que hacía visitas domiciliarias. También íbamos al programa extracurricular y al programa de los sábados. Lo que más recuerdo son las "reuniones familiares". Todos nos sentábamos juntos, incluida nuestra Trabajadora Social Ellen o el Asistente Social, Ed), y hablábamos de cualquier problema, bueno o malo. Cuando tenía diez años, dejamos de trabajar con Rheedlan, pero aun así, las reuniones familiares continuaron hasta que me mude a los veintiún años.

Antes de mudarme, cuando era una adolescente, hubieron muchos momentos infelices. Tengo recuerdos muy dolorosos de mi madre borracha tomando malas decisiones o no volver a casa, y por lo tanto no pudo criar a mi hermana menor ni a mi. En ese momento, mi hermano tuvo la suerte de estar interno en Milton Hershey School estudiando fuerte para convertirse en Valedictorian y asistir a la Universidad Ivy League con una beca completa. El tuvo la suerte de contar con unos maravillosos padres de hogar sustituto que le brindaron todo su apoyo, y quienes entendían nuestra situación. En cambio, yo en Nueva York no recuerdo haber tenido a nadie en quien confiar de la misma manera. Si tuve personas buenas en mi vida con las que podía desahogarme, y con las que a veces podía pasar un tiempo; ellos fueron amigos y parientes, mi fuente salvadora. Recuerdos dolorosos de mi madre borracha, tomar malas decisiones o no volver a casa y, por lo tanto, no poder criar a mi hermana menor ni a mí. En este punto, mi hermano tuvo la suerte de estar asistiendo a Milton Hershey School (un internado) trabajando para convertirse en valedictorian y asistir a una universidad de la Ivy League con una beca completa. Tenía unos padres de familia maravillosos que entendían nuestra situación. En Nueva York, no recuerdo haber tenido a nadie en quien confiar de la misma manera, pero tuve buenas personas en mi vida con las que podía desahogarme y con las que, a veces, podía pasar tiempo: amigos y parientes. Fueron mi gracia salvadora.

REFLEXIÓN

Mientras viva, reflexionaré. Para mí, reflexionar significa un camino hacia el crecimiento y la comprensión. Mi madre hizo lo mejor que pudo como madre soltera. Los traumas de mi madre afectaron su maternidad, pensar, percibir y ser asertiva en sus decisiones. Sus traumas también afectaron su forma de lidiar y afrontar sus problemas al igual que manejar sus emociones. Muchas mujeres han experimentado y lidiado con traumas similares, pero en esta narrativa no es mi historia para contar, mi madre afronto sus problemas bebiendo alcohol para escapar de su dolor emocional, la ansiedad y la depresión que la consumían. Sus traumas también afectaron cómo se las arregló. Como muchas mujeres que experimentaron su trauma, que no es mi historia para contar, se las arregló bebiendo alcohol para escapar de experimentar dolor emocional, depresión y ansiedad.

Atribuyó la estabilidad que experimentamos en nuestras vidas al apoyo que recibimos, ya sea emocional, financiero o educativo, es decir, a los Trabajadores Sociales y a otras personas que ayudaron a mi familia. Mi madre siempre estuvo dispuesta a recibir ayuda de amigos, familiares, la iglesia y terapeutas. Eso nos permitió ver nuestra situación como algo normal. También considero que ayudar a los demás es parte normal del crecimiento. A pesar de las dificultades, creo que a mi madre le fue bien criar a sus tres hijos, quienes hoy son adultos compasivos y amables que rompimos con un patrón y ciclos en nuestra familia. Los trabajadores sociales y otras personas que ayudaron a nuestra familia. Mi madre, que estaba dispuesta a recibir ayuda de amigos, familiares, la iglesia y terapeutas, nos permitió verlo como algo normal. También consideramos que ayudar a los demás es una parte normal del crecimiento. A pesar de las dificultades de crecer, creo que a mi madre le fue bien criar a sus tres hijos, que son adultos compasivos y amables que rompieron muchos ciclos en nuestra familia.

MI PROPÓSITO

Los actos de servicio son uno de mis lenguajes de amor. A menudo digo que todo tiene ventajas y desventajas, así que tuve que considerar la desventaja de ayudar a los demás. Reconocí que mi impulso por permanecer en ciertos espacios se debía a que sentía la necesidad de hablar por otros como yo. Este sentido de responsabilidad sobre desarrollado también fue parte de esto. Independientemente, el tema de mi vida ha sido servir a los demás. Tengo una maestría en psicología forense, pero cuando obtuve mi maestría en trabajo social, sentí que había encontrado mi hogar, mi propósito.

Mi "propósito" a veces se ha visto ahogado por otras cosas, incluido mi propio diálogo interno negativo. Combatir esto creo que será un viaje para toda la vida, pero he podido aprender habilidades para lidiar con mi voz interna. Una para mí ha sido rodearme de porristas, de personas que pueden ver mi valor y mi potencial, a veces antes de que yo mismo lo viera. Es una bendición tener personas en tu vida que te animan y que no se dejan intimidar por tu crecimiento. He tenido la bendición de tener muchos, incluso aquellos que han estado en mi vida por poco tiempo.

Mi madre fue mi primera admiradora. Ella nos decía a mi hermano menor y a mí: "Ambos van a tener algo mejor que esto, no vivirán en los proyectos". Nos dijo que iríamos a la universidad, nos graduaríamos y terminaríamos con el ciclo de la pobreza. Mi madre también dijo que quería que trabajara con mujeres y niños, pero eso no es lo que deseaba hacer. Sin embargo, la mayor parte de mi vida he trabajado con niños y familias.

Mi pasión es trabajar con las familias y el trabajo comunitario, pero una parte importante de mi propósito es la crianza de los hijos. Estoy criando a mi hijo para que sea un buen hombre, un hombre responsable y un hombre que honre y respete a las mujeres. Mi hijo es mi legado. Mi hijo ha tenido que asistir a muchas reuniones de la junta conmigo y me ha observado ayudar a otros profesional y personalmente. Espero que mi hijo continúe con este patrón de ayudar a los demás.

REFLEXIONES

Escribir esto no ha sido fácil. Es difícil recordar cosas que causan tristeza, enojo o dolor. Pero también ayuda con el proceso de sanación, el cual lleva su tiempo y proceso. La terapia ayuda con esa transición y a entenderse mejor uno mismo cuando se está abierto a recibirla., que lleva tiempo. La terapia ayuda con este proceso y le ayuda a entenderse mejor a sí mismo, si está abierto a ella. A través de la terapia y de otras personas en mi vida, he aprendido a tener una profunda compasión por mí misma de la forma en que la tengo por los demás. He aprendido que valgo más de lo que me doy cuenta.

Los seis valores centrales del trabajo social son el servicio, la justicia social, la importancia de las relaciones humanas, la dignidad y el valor de las personas, la integridad y la competencia. ¿Resuenan contigo? ¿Sientes curiosidad por los demás de una manera profunda? ¿Eres empático, un buen oyente, prácticas la autorreflexión? ¿Estás interesado en aprender continuamente? Si respondió que sí a todas estas preguntas, ¡el trabajo social puede ser para usted!

Dos personas importantes que debe conocer: la Dra. Brene Brown y la Dra. Kristin Neff.

Spanish Translation by Maria E. Ortiz, M.A., LMSW

SOBRE LA AUTORA

Como trabajadora social con licencia del estado de Nueva York dedicada, María tiene una profunda pasión por trabajar con familias, particularmente mujeres y niños. María tiene una maestría en psicología forense de John Jay College y trabajo social de la Universidad de Fordham, y quince años de experiencia en bienestar infantil, además de más de diez años de experiencia con niños en otros entornos.

Actualmente, María es trabajadora social forense en The Legal Aid Society in Juvenile Rights. Esto le permite combinar sus experiencias y sus dos títulos de posgrado para involucrar, educar y empoderar mejor a los niños y jóvenes con los que trabaja. María pronto hará la transición y comenzará a trabajar para convertirse en una trabajadora social clínica con licencia. María tiene la intención de brindar terapia individual con un enfoque en el servicio a las familias, especialmente a través del tratamiento diádico, que es donde el padre y el niño pequeño son tratados simultáneamente.

María es miembro de la junta directiva del Capítulo de NASW NYC y es miembro de la Asamblea Delegada. María también se desempeña en la Junta Comunitaria 4 de Manhattan como copresidenta del Comité de Vivienda, Salud y Servicios Humanos y se desempeña en Arte, Cultura, Educación y Vida en la Calle (ACES). MCB4 cubre Hell's Kitchen / Clinton, Hudson Yards y Chelsea.

María sigue viviendo en Hell's Kitchen con su hijo. Uno de sus pasatiempos favoritos para aliviar el estrés y para el cuidado personal es bailar, sobre todo con música salsa.

Maria E. Ortiz
meortizlmsw@gmail.com
Instagram:@nycme

DR. CINDY BAUTISTA-THOMAS, PH.D., LCSW, RYT

ESTABLECIENDO LA FUNDACIÓN

Descanso, alegría y diversión son los secretos del éxito, especialmente para una trabajadora social latina. Nací y crecí en la sección de Highbridge en el Bronx, en Nueva York. Me criaron dos padres inmigrantes de la República Dominicana, y ninguno de los dos había pasado más allá de tercero de primaria. Me enseñaron a practicar el autocuidado radical. Me mostraron el poder del descanso, la alegría y la diversión. Esas lecciones tan importantes han sido la razón del éxito que he tenido en mi vida personal y profesional. Estoy muy agradecida de que a través de todos los retos que he encontrado, he sido capaz de enfocarme en el descanso, alegría y diversión.

Crecí en vivienda pública en Nueva York, durante la epidemia de "crack" en los 80s y 90s. Drogas, violencia de pandillas, embarazos adolescentes y pobreza rodeaban mi comunidad. Mi padre era conductor de taxi privado y mi madre era ama de casa con un espíritu emprendedor. Nuestra familia sobrevivía con asistencia pública pero los beneficios y cupones de alimento que recibíamos no eran suficientes para alimentar y vestir a cinco niños. Mi madre transformó el cuarto de mi hermano en una tienda, donde vendía sabanas, cobijas, toallas y ropa para subsidiar los ingresos de la familia.

Aunque mi padre tenía problemas con el alcoholismo, la perseverancia de mi madre y su fundación espiritual fueron el ímpetu de nuestras trayectorias. Celebrábamos cumpleaños con fiestas donde la familia bailaba y comía toda la noche. Íbamos todos los domingos a la iglesia católica local como familia.

Mi madre era una maestra en conectar con otras personas y crear relaciones con el barrio y más allá. Se aseguraba de que estuviéramos inscritos en grupos de oración, grupos juveniles, programas después del colegio y durante el verano para nutrir nuestro liderazgo. Mi madre lo hacía ver fácil pero sabemos que le costaba mucho trabajo administrar la casa mientras educaba a sus hijos en un barrio difícil y el alcoholismo de mi padre. La forma en la cual compartía sus recursos con tanta generosidad, amor y atención me inspiraron a querer hacer lo mismo.

En nuestra casa, trabajábamos duro. El descanso, alegría y diversión eran igual de esenciales. Durante el verano, viajábamos con frecuencia a la playa y los parques locales para divertirnos y descansar. Mis padres emitían alegría en la manera en que compartían sus historias familiares y cómo transmitían su amor con amigos y familia.

Cuando les era posible, mis padres tomaban turnos llevándonos a la República Dominicana con gran sacrificio. Nuestra casa era el centro para nuestros amigos de infancia y familiares. Mi madre también era la matriarca de su familia, la hija mayor de 11 hermanos, y eso significaba que nuestra casa era el aterrizaje para mis tíos y tías que inmigraron a los Estados Unidos desde la República Dominicana. Aunque nunca hablamos sobre nuestros sentimientos y cómo experimentamos el mundo, mi mamá nos mantenía ocupados para que fuéramos perseverantes y exitosos en la vida. En una familia que vivía en la pobreza, teníamos mucha abundancia en otras áreas y yo he querido compartir esa abundancia con otros.

NO ES UN CAMINO FÁCIL

Cuando fui a la universidad como una participante del Programa de Oportunidad Educacional (EOP), supe que quería una profesión que me permitiera apoyar a las personas a alcanzar sus metas. Siendo la más joven entre cinco y habiendo visto a mis hermanos ir a la universidad, me pareció natural seguirlos a SUNY Albany. Algunos amigos de la infancia me acompañaron también.

Afuera de los estudiantes en el programa EOP, la universidad estaba compuesta principalmente por estudiantes blancos. ¡Nunca había visto tantas personas blancas en mi vida! En el salón de clase me sentía invisible. Me sentía insignificante. Siempre fui unas de las pocos estudiantes de color en la mayoría de mis clases. Tenía miedo de no ser lo suficientemente inteligente y que fallaría. Escogí psicología para mi carrera porque quería entender porque mi vida era de la manera que era. Me uní a la organización latina en campus, "Fuerza Latina" y la organización de estudiantes negros, ASUBA, con la esperanza de conectarme con mi nueva identidad afrolatina. Estaba también buscando conexiones más allá de mi familia y amigos.

En búsqueda de una nueva identidad y experiencias, eventualmente cambié a la sede de SUNY en Stony Brook, donde no conocía a nadie. Había pocos estudiantes de color y me costo mucho hacer amigos. Me sentía sola. Me sentía fuera de lugar. Mi asesor de EOP sugirió que si me iba de SUNY Albany sería la peor decisión de mi vida. Tenía miedo y realice la transferencia de todos modos.

Eventualmente conocí a un gran amigo que me invitó a una sesión de información sobre el programa de trabajo social en SUNY Stony Brook y ahí fue cuando tomé la decisión que el trabajo social era para mí. Me intrigaba esta profesión por las posibilidades de impacto en justicia social y apoyar personas en el viaje que son sus vidas. También apreciaba la diversidad en disciplinas disponibles dentro del trabajo social y la variedad de formas para crear impacto con mi profesión. Cuando volví a mi cuarto ese día, decidí reacomodar mis clases para el siguiente semestre para alinear mi carrera con trabajo social.

Fue en el programa de Bienestar Social en Stony Brook, que aprendí las frases y palabras que describen el mundo que había experimentado hasta ese punto como afrolatina, viviendo en pobreza, en la ciudad de Nueva York. En clase discutíamos acerca de "los pobres" y dentro de mí, me consumía la pena y la vergüenza.

Aprendí acerca de palabras como racismo institucional y opresión por primera vez. Racismo institucional, también conocido como racismo sistémico, es una forma de racismo que está tan arraigada en la sociedad a través de políticas, leyes, reglas y regulaciones dentro de la sociedad u organizaciones. Aprendí sobre como políticas racistas llevan a discriminación en educación, vivienda, salud, empleo y el sistema de justicia criminal.

Me sentí traicionada y engañada. ¿Por qué me tomó tanto tiempo aprender que el racismo era un problema institucional, y maneras de interrumpir sistemas de opresión e inequidad? Finalmente tenía las palabras para describir las injusticias que vi en mi comunidad y alrededor del mundo. Había caras del servicio social que me parecían problemáticas, y siempre supe que quería hacer parte del cambio dentro del trabajo social.

Sabía que quería crear impacto, pero no estaba segura de cómo iba a hacerlo. Sabía que estaba cansada de estar en bienestar social y viviendo en pobreza. Decidí que quería comenzar mi carrera trabajando con niños y familias en situación de pobreza. La mayoría de mis compañeros de clase eran mujeres blancas, y mis profesores igualmente eran casi todos blancos. Cuando había conversaciones acerca de comunidades de color, muchas veces la facultad me miraba y a otros compañeros de color, como si fuera nuestra responsabilidad educarlos.

Durante mis pasantías, observé a trabajadores sociales agotados, las terribles decisiones de gerentes, y problemas económicos. También sentí que había una representación muy limitada de afrolatinos en roles gerenciales, y quería explorar la posibilidad de mi interés en esta área.

Después de mi maestría, volví al Bronx y trabajé en el campo de salud mental adolescente, bienestar infantil, y luego trabajo social en la escuela. Fui trabajadora social en el Bronx durante ocho años, donde trabajé con empleados, administradores, estudiantes y sus familias, proveyendo consejería, construyendo capacidad, educación, abogacía y apoyo. Hizo una gran diferencia que yo conozco la cultura, hablo el idioma, y que tenía las habilidades de liderazgo para navegar los sistemas y tener conversaciones sobre inequidad e injusticia en el sistema escolar.

Mi trayectoria profesional me dio el conocimiento, habilidades y la exposición necesaria para ejecutar mi trabajo efectivamente. No siempre fue fácil. Hubo días donde me tenía que convencer a mi misma y sacar coraje para decir algo. Hubo muchos momentos donde usé mi agencia y tuve que confrontar racismo institucional y opresión en los sistemas en los que trabajaba. Hubo muchos momentos incómodos donde las políticas no estaban alineadas con mis valores, y tuve que tomar decisiones difíciles como trabajadora social sobre ética y equidad.

Mis opiniones no siempre eran populares -- y yo perseveraba de todos modos. Empecé a darme cuenta de la importancia de crear comunidad, tanto dentro como fuera de los espacios laborales, para sentirme apoyada, nutrida, y revitalizada en el trabajo. En mi trayectoria laboral, nadie discutió conmigo los retos de ser una líder de color. Nadie compartía conmigo la alegría de ser un representante de mi cultura y herencia. Nadie compartía conmigo los retos de ser menospreciada, ignorada, despreciada y malentendida. Nadie compartía que tan agotador es lidiar con microagresiones y racismo en el trabajo.

No recibí entrenamiento en mis clases acerca de cómo tener conversaciones difíciles conservando mi integridad y honor. Otro aspecto importante de ser capaz de guiar con excelencia ha sido ser capaz de sacar tiempo para el autocuidado. Fue sólo después de estar sumergida en la profesión del trabajo social y empezar a sentirme agotada que descubrí sobre el autocuidado y su importancia. El autocuidado es para todos, especialmente para aquellos que nos encontramos en un campo de trabajo que sea exigente física y emocionalmente. De hecho, recientemente, el Código de Ética de NASW fue revisado para incluir autocuidado. ¡Finalmente! Toda mi vida, he estado aprendiendo sobre autocuidado a través de descanso, felicidad y alegría, pero no había caído en cuenta.

Autocuidado son las actividades que realizas regularmente para añadir a tu mente, cuerpo y espíritu. Tomar tiempo para reflexionar, descansar, sentir alegría y divertirse, son todos aspectos del autocuidado. La práctica de autocuidado me ayudó a recuperarse cuando tuve obstáculos y retos durante mi vida, como cuando perdí a mi padre en el accidente aéreo del vuelo 587 en el 2001.

TRAGEDIAS Y TRIUNFOS

Me divorcié y me convertí en madre soltera, mientras

trabajaba en múltiples empleos. Ser madre soltera fue muy estresante y fui muy afortunada de tener el apoyo de familia y amigos. Empecé a investigar programas de doctorado. Con la ayuda de la comunidad, fui capaz de tomar el riesgo y dejar mi trabajo para tomar una posición como director asociado en la escuela de trabajo social en Columbia. Estaba asustada pero apliqué de todos modos.

Empecé a tomar cursos doctorales sin matrícula, y mi confianza en mí misma y mis habilidades profesionales se fortalecieron. Ahí, estuve mejorando mi trayectoria profesional y sintiéndome muy bien, pero también era inevitable sentirme como un fracaso porque mi matrimonio había fallado. Estuve buscando apoyo y consejería, porque me gustaría estar completamente presente para mi y mis hijos. Seguí construyendo mi comunidad de apoyo. Eventualmente me casé de nuevo, y con el apoyo de mi esposo y colegas, apliqué al centro de doctorados de CUNY, para el programa de educación urbana. Estuve trabajando tiempo completo, criando a mis hijos, y cuidando de mi mamá.

Mientras estaba en ese programa fue donde comencé a mejorar mis prácticas espirituales y construir más redes de poderosas mujeres curadoras para apoyar mi salud en general. También comencé a aprender más sobre mis ancestros y cómo honrarlos con todo lo que hago. He sido capaz de reconectar con tradiciones familiares que incluyen rezos diarios, meditación, encender velas, incienso, usando hierbas como palo santo y salvia para limpiar mi entorno de energía negativa.

También aprendí sobre aceites esenciales y prácticas de

meditación que me ayudaron a reconectar conmigo misma. Conectar con mis guías espirituales y ancestros es algo que observé creciendo, aunque mi familiar no hablaba mucho de esto hasta que fui más adulta y empecé a preguntarles más al respecto. Como herramienta de autocuidado, empecé a escribir una novela inspirada en mi vida, *Nacida para vivir*, donde compartía una historia de vida compuesta de varias lecciones e incluyendo un poderoso contexto acerca del racismo institucional y nuestra relación con el mundo. Estas prácticas continuaron apoyándome y ayudándome a conectar con mi sabiduría interna e intuición en una forma más profunda y significativa.

En 2017, fui co-fundadora de Velocity Visions Inc, con un colega para trabajar con organizaciones interesadas en mejorar el bienestar y la productividad de sus empleados. Creando un espacio que invita al coraje, Velocity Visions Inc logra involucrar a los participantes en actividades y ejercicios que promueven su conciencia de sí mismos, compartir, reflexionar, y contribuir a su evolución personal y profesional. Actualmente ofrecemos oportunidades de desarrollo en las áreas de aprendizaje emocional, prácticas centradas a la curación, diversidad y equidad e inclusión, y en cómo practicar autocuidado y prevenir agotamiento. A través de nuestra labor, cientos de personas han logrado experimentar sanación, hemos creado un podcast "Self-Care to Success in 15 minutes or less" (autocuidado para el éxito en 15 minutos o menos), para compartir nuestra estrategia con el mundo.

Cuando el Covid-19 llegó a Estados Unidos, logré trabajar desde casa mientras cuidaba a mi madre que padecía Alzheimer y cuidaba a mis hijos. En abril del 2021, mi madre murió de Covid-19. Estoy muy agradecida por las lecciones acerca del descanso, la alegría y diversión que ella y mi papá me dejaron. Durante mi proceso de luto, me di permiso para recibir el apoyo de mi entorno y centrar mi autocuidado. Gracias a eso logré profundizar bastante dentro del propósito de mi vida.

Actualmente, soy profesora de tiempo completo en el departamento de doctorado de trabajo social en CUNY de Staten Island. Mi rol es integral para avanzar nuestra profesión hacia dónde debe ir, mientras sigo nutriendo la siguiente generación de trabajadores sociales.

Aún y con todos los retos con los que me he cruzado, he logrado experimentar y comprobar que el autocuidado radical es crucial para sobrevivir, y conectarme con mi sabiduría interior, y ahí encuentro las respuestas que necesito para perseverar. Muchos de mis ancestros no tuvieron las oportunidades que se me han presentado para descansar en centros de bienestar, o para crear momentos de diversión a pesar de la adversidad. Sin embargo sus leyendas incluyen muchas historias donde demuestran ser capaces de encontrar diversión en medio de las adversidades. Los invito a que hagan lo mismo. Los quiero dejar con unas preguntas, que deberían sentirse relevantes en cualquier momento de sus trayectorias, mi invitación es que te hagas estas preguntas sin dejar que tu pasado te nuble. Toma nota de lo que surge en tu cerebro, y explora qué ajustes tienes que hacer en tu vida para crear la realidad que deseas.

REFLEXIONES

El trabajo social es la profesión que más importancia debería tener en la sociedad actual, especialmente en la comunidad latina, necesitamos personas que puedan traducir las condiciones sociales actuales de forma que nuestra comunidad la pueda entender. Los trabajadores sociales son responsables de construir, fortalecer y reconstruir los puentes que mejoran la experiencia social de individuos, grupos y comunidades.

Los trabajadores sociales tienen la oportunidad de ser *nepantleras*. Gloria Anzaldúa describe a las *nepantleras* como "... las mejores cruzadoras de fronteras... sirven como agentes para despertar a otros, inspirar y retar a otros para que se encuentren a sí mismos en nuevas profundidades, mayor conocimiento propio, y acordarse a cada una de la búsqueda mutua hacia la plenitud del ser (Anzaldúa et al. 2003, p 19).

Es tiempo de enfocarnos en las fortalezas de nuestras comunidades. Es tiempo de tener conversaciones difíciles acerca de cómo le hemos dado espacio al racismo y la inequidad para florecer, y es hora de que imaginemos la forma en que creamos nuestras comunidades para crear un nuevo mundo donde cada quien pueda florecer de la forma que le sea natural.

- ¿Qué actividades semanales o diarias prácticas para tu autocuidado?
- ¿Te das permiso para descansar con frecuencia? ¿A diario o semanal?
- ¿Cada cuánto te sientes alegre?

Spanish Translation by David Silva

SOBRE LA AUTORA

La Dra. Cindy Bautista-Thomas es una visionaria innovadora comprometida con ayudar a otros a encontrar su potencial oculto, descubrir los dones que Dios les ha dado y ayudarlos a tomar medidas inspiradas para crear la vida que siempre han imaginado. Ella es una dominicana estadounidense de primera generación que nació y se crio en el Bronx, Nueva York. También es trabajadora social clínica licenciada, educadora, presentadora de podcasts, instructora de yoga y atención plena, autora, madre, esposa, entrenadora maestra y curadora de espacios de sanación.

En 2017, Cindy decidió aprovechar sus habilidades de liderazgo, interpersonales y de facilitación y co-fundó Velocity Visions, una empresa cuya misión es brindar curación, transformación e impacto a individuos, grupos y corporaciones a través de actividades de bienestar, talleres y ejercicios interactivos. que mejoran la eficacia personal y profesional. Con su personalidad más grande que la vida, su cálida sonrisa y su habilidad innata para ayudar a otros a sentirse cómodos, Cindy está usando los talentos que Dios le dio para ayudar a otros a encontrar los suyos. Su fuerte presencia, pasión y profesionalismo hacen de Cindy una de las principales entrenadoras de la industria.

Cuando no está transformando vidas, Cindy pasa su tiempo con su familia y persigue su pasión creativa de escribir. Para obtener más información sobre Cindy y el trabajo que realiza con Velocity Visions, Inc., visite el sitio web en http://www.velocityvisionsinc.com.

ERICA PRISCILLA SANDOVAL, LCSW-SIFI

BIOGRAFÍA EJECUTIVA

Erica Priscilla Sandoval, LCSW-SIFI es la fundadora de Sandoval CoLab, un grupo de psicoterapia y consultoría. Como apasionada terapeuta clínica y consultora, se dedica a promover la diversidad, equidad e inclusión (DEI). Erica está comprometida a amplificar las voces y los negocios de increíbles líderes Trabajadores Sociales Latinx y creadores de cambios enfocados en la justicia social, que están cambiando e inspirando comunidades. Erica trabaja con universidades, organizaciones sin fines de lucro, centros de atención médica, profesionales médicos y corporativos para brindar acceso a recursos y ayudar a avanzar a los equipos, a empleados y estudiantes a prosperar.

Más recientemente, Erica fue parte de la fundación de "Employee Network Alliance", un espacio de alianza para los líderes de la red de empleados de hoy y del mañana en donde se ayudan mutuamente a tener éxito.

Erica tiene una licenciatura en psicología clínica del adolescente y una maestría en trabajo social de la Universidad de Nueva York, Silver School of Social Work. Actualmente se desempeña como líder voluntaria como presidenta de la junta directiva de la Asociación Nacional de Trabajadores Sociales de NYC, la organización más grande de trabajadores sociales profesionales en todo el mundo.

Su trabajo se centra en la interseccionalidad de la salud conductual, las disparidades sociales, el trauma y el desarrollo humano. Se desempeña como asesora de Latino Social Work

Coalition y Prospanica NY. Su exitosa carrera le ha otorgado numerosos premios. Erica es invitada regularmente a ser oradora, moderadora y panelista.

Erica Priscilla Sandoval, LCSW-SIFI es reconocida por varias organizaciones. Su mayor logro y orgullo fue criar a su hija Isabella (de veinte y un años) como madre soltera, a la cual la considera su mejor profesora. Erica es una immigrante orgullosa de Ecuador, su pasión es impulsada por el apoyo que recibe de su comunidad.

Erica Priscilla Sandoval, LCSW-SIFI
President and Founder of Latinx in Social Work Inc.
Erica@latinxinsocialwork.com
latinxinsocialwork.com

Spanish Translation by Jennifer Sandoval, LMSW

www.ingramcontent.com/pod-product-compliance
Lightning Source LLC
Chambersburg PA
CBHW052122270326
41930CB00012B/2720